AF391113

ROBERT D'HUMIÈRES

—

THÉATRE

II

PIÈCES ORIENTALES

L'ÉTENDARD CRAMOISI

L'AMOUR DE KÉSA — LA NUIT DU TAJ

SCÉNARIOS ET LIVRETS

PARIS

MERCVRE DE FRANCE

XXVI, RVE DE CONDÉ, XXVI

MCMXXIV

MERCVRE

DE

FRANCE

Paraît le 1er et le 15 du mois

—

DIRECTEUR : ALFRED VALLETTE

Le **Mercure de France**, fondé en 1890, est à la fois une revue de lecture comme toutes les revues et une revue documentaire d'actualité. Chacune des livraisons se divise en deux parties très distinctes. La première est établie selon la conception traditionnelle des revues en France, et, en même temps que toutes les questions dans les préoccupations du moment y sont traitées, on y lit des articles ou des études d'histoire littéraire, d'art, de musique, et de philosophie, de science, d'économie politique et sociale, des poésies, des contes, nouvelles et romans. La seconde partie est occupée par la « Revue de la Quinzaine », domaine exclusif de l'actualité, qui expose, renseigne, rend compte avec des aperçus critiques, attentive à tout ce qui se passe à l'étranger aussi bien qu'en France et à laquelle n'échappe aucun événement de quelque portée.

Le **Mercure de France** paraît en copieux fascicules in-8, formant dans l'année 8 forts volumes d'un maniement aisé. Une table générale des Sommaires, une Table alphabétique par noms d'Auteurs et une Table chronologique de la « Revue de la Quinzaine » par ordre alphabétique des Rubriques sont publiées avec le numéro du 15 décembre, et permettent les recherches rapides dans la masse considérable d'environ 7.000 pages que comportd l'année complète.

Il n'est pas inutile de signaler que le **Mercure de France** donne plus de matière que les autres grands périodiques français et qu'il coûte moins cher.

Envoi franco d'un numéro spécimen sur demande
adressée 26, rue de Condé, Paris-6e

POITIERS — IMP. MARC TEXIER

THÉATRE

PIÈCES ORIENTALES

L'ÉTENDARD CRAMOISI
L'AMOUR DE KÉSA — LA NUIT DU TAJ

SCÉNARIOS ET LIVRETS

ROBERT D'HUMIÈRES

—

THÉATRE

II
PIÈCES ORIENTALES

L'ÉTENDARD CRAMOISI
L'AMOUR DE KÉSA — LA NUIT DU TAJ

SCÉNARIOS ET LIVRETS

PARIS

MERCVRE DE FRANCE

XXVI, RVE DE CONDÉ, XXVI

—

MCMXXIV

L'ÉTENDARD CRAMOISI

PERSONNAGES

Lal Sing, Maharaja de Ghazelpore.
Le Thakur de Dilwarra.
Le Swami.
Gopi Nath.
Le comte Antoine de Pontchevron.
Le comte Robert d'Avricourt.
Le comte de la Haie-Malmont.
Winston Graham.
Le Gouverneur général.
Le Résident.
Golab Sing.
L'Aïeul.
Le Rajpoute.
Durbec.
Jules.
Le Babou.
Un batelier.

La Marquise de Nans (Coryse).
La Duchesse.
Mme Durbec.
Singhi.
Billa, Tota, Harabansa, Nima, } danseuses.
Gulaba, Dimak, la Kahsmiri. }

Thakurs, invités, chaprassis, soldats, etc.

ACTE PREMIER

Un salon intime extrêmement élégant. Une grande tapisserie encadrée de baguettes d'or occupe le mur du fond ; consoles supportant des porcelaines de Chine à montures de bronze Louis XVI. Un buste de terre cuite.

Vaste pan circulaire faisant presque face au spectateur et où s'ouvre une haute porte vitrée donnant sur la lanterne d'un grand escalier venant du bas dont on aperçoit les dernières marches (praticables). La lanterne, toute en pierre naturelle, est couronnée par un dôme supporté par des colonnes géminées et d'où pend un lustre de bronze doré. Entre la porte et la courbe des balustres qui bordent le haut de la cage de l'escalier, un palier en hémicycle sur lequel s'ouvrent aussi les portes des salons de réception brillamment éclairés. Circulation constante d'invités, de femmes en robes du soir, de valets de pied, à partir du commencement de l'acte. Grand luxe de livrée. Airs de musique ancienne exécutés par un quatuor placé dans une loggia d'entre-colonnes de l'escalier et composé d'enfants (à cause de la perspective) en costume du xviiie siècle. Le tout s'aperçoit et s'entend à travers les portes vitrées que voilent des rideaux de tulle et qui sont ouvertes à plusieurs reprises au cours de l'acte.

A gauche, au fond de la pièce, pan coupé droit occupé par une autre porte aboutissant de même aux salons de réception.

A droite, cheminée ; de part et d'autre, bergères, fauteuils, table. Un paravent de style s'interpose entre la porte vitrée et le groupe de meubles avoisinant la cheminée, parmi les-

quels on remarque un trône bas, carré, en argent, de forme
indienne. Piano à queue contre le mur de gauche.

Au lever du rideau, deux chaprassis, serviteurs indous, et
un grand rajpoute porteur de sabre sont, les premiers accrou-
pis, l'autre debout, à gauche, en avant du piano ; costumes
éclatants: les chaprassis en rouge et or, air résigné du subal-
terne et farouche du soldat.

Entre par la gauche, Antoine, (trente ans, défaut de pronon-
ciation), qui, avant même d'avoir refermé la porte, allume une
cigarette.

SCÈNE PREMIÈRE

LE COMTE ANTOINE, JULES, LE RAJPOUTE, DEUX CHAPRASSIS

ANTOINE

Ouf ! on n'y tenait plus. Tant pis, c'est mufle de
fumer ici, mais si on ne pouvait plus être mufle avec
sa parenté... (*Apercevant un domestique qui passe derrière la porte vitrée, il y court et l'ouvre, appelant.*)
Jules ! (*Par la porte entrebâillée arrive le bruit des
instruments mêlé au léger brouhaha du souper. Le
domestique entre.*) Si madame la marquise me demande,
vous lui direz qu'il faisait trop chaud dans la salle
à manger, que j'avais envie de fumer, ou bien que
je trouve ça province de souper après le théâtre, ou
que ses invités ont de trop sales têtes... ce que vous
voudrez...

JULES

Oui, monsieur le comte.

ANTOINE

C'est encore son raja qui est le mieux, n'est-ce pas,
Jules ?

JULES

C'est un bel homme, monsieur le comte.

ANTOINE

Vous avez raison, Jules. (*Il fume.*) Ah ! que c'est
bon ! (*Il aperçoit le trône d'argent.*) Qu'est-ce que
c'est que ce machin ? C'est indien, ça ?...

JULES

Madame la marquise a fait demander à Monsieur...
je peux pas dire son nom... l'Américain qui a une
grande collection, monsieur le comte doit connaître...
de lui prêter un meuble indien. C'est pour faire asseoir
le... comme qui dirait le marabout qui doit venir
après souper.

ANTOINE

Ah ! c'est pas le raja. Lui, il s'assoit comme tout
le monde. Il y en a donc un autre ? Quelle maison !..
Merci, Jules. Maintenant, allez prévenir la marquise.
J'ai peur qu'elle s'impatiente. Je leur manque, moi,
à ces gens, même les soirs qu'ils ont des nègres.

(Jules sort. En se retournant, Antoine aperçoit les
Indiens qui n'ont pas changé de position.) Ciel !

(Il s'avance, indécis du rang de ces étrangers, sur le point d'avancer la main... puis bêtement.) ... soir !... (Les Hindous se lèvent. Les chaprassis s'effacent et le porteur de sabre fait le grand salut oriental en disant.)

LE RAJPOUTE

Salaam, Sahib.

ANTOINE

Qu'est-ce qu'ils peuvent faire là ? Sont-ils de la suite ? Ou bien de l'état-major, aiguillés par erreur dans la mauvaise direction ? Ce serait farce. Qu'est-ce que vous faites là ?

(Mimique agitée.)

LE RAJPOUTE

Hukm hai, Sahib [1].

ANTOINE

Hein ? J'ai oublié mon hindoustani.

LE RAJPOUTE

Order, Sahib.

ANTOINE

Qu'est-ce qu'il dit ? Je ne peux pourtant pas leur offrir du tabac.

(Entre Robert, venant de l'escalier.)

1. C'est l'ordre.

SCÈNE II

LES MÊMES, LE COMTE ROBERT, puis un **BABOU**

ANTOINE

Ah ! Robert, tu arrives bien ! La conversation commençait à languir.

ROBERT

Avec toi, ça m'étonne !

(Jules, qui a introduit Robert, aperçoit les indigènes et se retourne vers la porte, par laquelle il fait signe à un personnage invisible.)

ANTOINE

Comment va, mon vieux ? (*Présentant.*) Messieurs, l'amant de la patronne.

(Le porte-sabre fait Salaam de nouveau. Le visage de Robert exprime subitement une vive contrariété.)

ROBERT

Vraiment ! on a beau s'attendre à tout de toi...

ANTOINE

Et ils ont compris !

ROBERT

C'est d'un goût...

ANTOINE

Tu sais, le goût, ma vieille, c'est pas dans mes cordes.

(Jules fait entrer un quatrième Hindou, habillé à l'européenne, trop gras, type de Babou bengali, avec une obséquiosité naturelle qu'il tente de voiler sous une affectation de raideur anglaise. Il marche sur les autres, saluant au passage Robert et Antoine. Il parle à voix basse aux trois Hindous qui le suivent. En sortant.)

LE BABOU

We must go and fetch the swami, you see. Please excuse.

ROBERT

All right, thank you !

(Les Hindous sortent.)

SCÈNE III

ANTOINE, ROBERT

ANTOINE

Qu'est-ce qu'il dit ?

ROBERT

Ils vont chercher le swami. Ce doit être le saint homme qui accompagne le Maharaja.

ANTOINE

On l'exhibe ce soir aussi ?

ROBERT

Oui, madame de Nans m'a dit quelque chose de ce genre. Ç'a été le diable pour le décider. C'est un saint

très sérieux. Un dieu même. Parfaitement, on l'adore.
Tu dois savoir, toi qui as été là-bas. Alors, tu comprends, un dieu à souper... ou même après...

ANTOINE

Ça corse un ragoût. Pourvu qu'il n'attende pas à
l'office... avec l'ordre qu'il y a dans cette maison...

ROBERT

Mais ça a l'air très bien arrangé, la petite fête indienne. Je n'ai pas pu me dépêtrer plus tôt, je suis en
retard. Il a fallu réemballer dans son auto la grosse
mère Kermor après *Tristan*.

ANTOINE

Mâtin ! Combien de voyages ? Je comprends que
tu sois en retard. Moi, je suis venu pour voir, parce
que souper... quelle sale habitude !

ROBERT

Le dieu pense comme toi, il ne vient qu'après. Mais
c'est joli, ces orangers dans des caisses d'argent, le
long de l'escalier. Quel goût elle a !...

ANTOINE

Oh ! ne te crois pas obligé... ce n'est pas parce que
la maîtresse de maison est aussi la t... (*Mouvement
d'agacement de Robert.*) ma cousine, quoi ? quel sale
caractère !... qu'il faut te croire forcé de me faire des
guirlandes. Je te dis pas que ce soit mal comme

arrangement; même le souper avait du bon — et ça, c'est pas ordinaire chez les femmes si... douées — mais les têtes, mon vieux, quand tu verras ça...

ROBERT

Mais quoi ? Tous les gens qu'on connaît....

ANTOINE

Oui, oui, ceux-là. Mais les autres ? Les gens qu'on connaît, depuis le temps, on a fini par s'habituer à les voir si vilains, mais à côté des autres : les intellectuels, les artistes, on se rend compte que le nombre des manières d'être affreux n'est pas limité. Non, ces têtes ! Tous les hideux stigmates de l'intelligence à côté de tous les déchets de la tourterie bien née. Ça rappelle à la fois l'enterrement de Verlaine et la messe d'une heure à Saint-Thomas d'Aquin. Ah !...

ROBERT

Tu es bête. Ta cousine a le droit d'avoir qui lui plaît. Parce que c'est elle, que sa présence, sa grâce, ça crée une harmonie entre tout cela. Chez une femme ordinaire, ce pourrait être une cohue ridicule. Ici, c'est pittoresque et, malgré tout, élégant. Les choses qu'on fait, les gens qu'on voit, quelle importance ça a-t-il ? Il n'y a que ce qu'on est qui compte. Elle est... elle est divine...

ANTOINE

Hé ! là ! du calme !

ROBERT

Ne plaisante pas toujours. Tu l'as vue, ce soir ?

ANTOINE

Autant qu'on peut voir quelque chose dans le voisinage de cet Hindou rutilant. Les femmes ne sont nulle part. Il éclate, il éblouit. Mais très bon chic, ça, il n'y a pas. Et tu sais, avec trois millions de bijouterie sur le dos, trouver moyen d'avoir bon chic... il faut le tour.

ROBERT

Et il se fixe à Paris ?

ANTOINE

Avenue du Bois, en face de la Boninière (*Dessinant avec son doigt*), la grande turne qui est entre les Machado, les Kaupf et les Poulo Condor, sur le derrière de la vieille Dorchester, un petit coin bien parisien. (*Des domestiques ouvrent à deux battants les portes du fond.*) Tiens, ils ont fini. Les voilà.

ROBERT

Comment, ils viennent par ici ! Et le grand salon ? Antoine, écoute, avant qu'on arrive. Je veux parler à Coryse ce soir. Aide-moi, sois un frère.

ANTOINE

Ce sera le diable. Et puis, un joli métier : favoriser l'inconduite dans ma famille ! (*Digne.*) Non, tu ne m'as pas vu !

ROBERT

Ne blague pas, c'est sérieux, très sérieux.

ANTOINE

La grande passion ?... Tu me dégoûtes. Ah ! on se sent heureux d'être pur... Eh bien, je tâcherai... mais je ne réponds pas des moyens... Regarde l'entrée des masques.

> (Par la porte de l'escalier d'abord, puis par celle du grand salon pénètrent les invités : le Maharaja en tête, accompagné de la marquise, Antoine et Robert sont à l'avant-scène du côté de la cheminée, où ils restent à échanger leurs remarques.)

SCÈNE IV

LES MÊMES, LA MARQUISE DE NANS, LA DUCHESSE, LE MAHARAJA, LE COMTE DE LA HAIE-MAL-MONT, Mme DURBEC, INVITÉS

ROBERT

Comme il lui parle !... Mais ce n'est pas un noir !...

ANTOINE

Non, bête. Les hautes castes sont presque blanches. Oh ! ma tante ! Regarde ma petite tante.

ROBERT

La Duchesse ?

ANTOINE

Est-elle bien ! Est-elle à son affaire ! Assez marche-du-trône ! Ça fait plaisir à voir. On sait ce que nos princesses lui doivent. Elle a réchauffé l'exil de la branche aînée... de toute la branche aînée, à quelques bourgeons près... Entends-tu, sale rallié !... Maintenant, elle est pour orphelins. Essaie de la mettre sur le chapitre ! Voyons, regarde-la, dis quelque chose au lieu de loucher sur Coryse. Tu es pour veuves, toi ?

LA MARQUISE, au Maharaja.

Monseigneur, voulez-vous me permettre de vous présenter le comte de la Haie-Malmont...

(Saluts, sourires. On entend des lambeaux de phrases banales : « Votre Altesse... beau pays... avenue du Bois de Boulogne »..., à travers le bruit discret de la musique lointaine et des autres conversations.)

ANTOINE

Tiens, la Haie-Malmont ! Il va causer famille et préséances. Quelle occasion pour lui ! Il paraît que le Maharaja descend du soleil. Simplement !... Je vais tâcher d'aimanter la maîtresse de maison. (*Signaux discrets que n'aperçoit pas la marquise. La duchesse cependant a vu et, prenant l'appel d'Antoine pour elle, fait signe qu'elle arrive. Elle dessine son mouvement et, tout en s'arrêtant de droite et de gauche pour saluer des connaissances, se dirige vers les deux hommes.)* Zut ! c'est ma tante qui s'amène !

ROBERT

Bien ma chance !

LA DUCHESSE

Te voilà, grand fou ! (*A Robert.*) Bonjour, vous.

(Robert lui baise la main.)

ANTOINE

Bonsoir, ma petite tante.

LA DUCHESSE

Qu'est-ce que tu avais à me télégraphier ? Je suis sûre que le prince a vu.

ANTOINE

Rien, ma petite tante. La voix du sang. Nous nous sentions orphelins, ce soir.

LA DUCHESSE

Justement, moi qui allais parler au Maharaja de mes œuvres. Crois-tu que ?...

ANTOINE

Certainement, ma petite tante. Ça, il faut faire. Ah ! qu'est-ce que c'est que cette petite dame qui vient de passer sous le nez de la Haie-Malmont pour se faire présenter. Non, la tête qu'il fait !...

ROBERT

Et la tête qu'elle a !...

ANTOINE

Oh ! le plongeon !

LA DUCHESSE

C'est madame Durbec, la femme de l'homme de lettres.

ANTOINE

Mais elle a été modèle.

LA DUCHESSE

Jamais de la vie ! C'est un ange.

ANTOINE

A vingt francs la séance. (*Il imite les gestes de Mme Durbec, qui, frétillante de snobisme, fait des grâces au Maharaja.*) Mais oui, Votre Altesse... je me décollète comme ça... jusqu'au gîte à la noix... mais autrefois c'était bien plus bas. (*Elle fait un geste un peu théâtral évoquant sans doute les splendeurs de l'Orient.*) Tout ça pour vingt balles !

LA DUCHESSE, ravie.

Quelle horreur que ce Toine ! Elle est très gentille, je vous jure, monsieur d'Avricourt, et son mari frise l'Académie.

ANTOINE

C'est lui, derrière ? Il en a l'air, de la friser. Ah ! qu'il est bien !

ROBERT

Dame, à part l'orchidée, qui est un peu rasta...

ANTOINE

Justement, c'est ça. J'ai du génie, qu'il s'est dit, cet homme, mais n'en humilions pas nos contemporains. Pas d'aspect génial trop agressif, trop hirsute, genre Ibsen, tu vois ça, toujours l'air en rupture de cerisier... Non, le goût avant tout, que dis-je, l'élégance. Eh bien, à la rigueur, avec cette tournure, il y avait un seul genre d'élégance qui lui eût été accessible, à lui et à ses pareils, c'était d'arriver à passer inaperçu. Il le rate, naturellement, avec la pignouferie de cette boutonnière. Le dandysme, comme ils disent. Il l'a pioché, son dandysme, c'est sûr ! Et cet air âprement décidé à ne pas s'épater. C'est ça qui lui représente l'aisance des cours !

ROBERT

Voyons, comment veux-tu qu'il sache ?...

ANTOINE

Tu as raison. Comme disent les Arabes : si le singe pouvait voir son derrière, il ne danserait plus. Ça ne fait rien, on lui sort nos plus récentes marques, au Maharaja...

(La marquise emmène le Maharaja dans le grand salon. Les Durbec et d'autres invités suivent.)

SCÈNE V

LA DUCHESSE, ANTOINE, ROBERT, LA HAIE-MALMONT

LA DUCHESSE

Comme tu es méchant ! Il pense très bien, d'abord, monsieur Durbec. Il fait des articles superbes. C'est un homme d'une grande valeur.

ANTOINE

Oui, il coûte cher. Vingt mille, dit-on. Le ménage a monté ses prix.

LA DUCHESSE

Oh ! (*A la Haie-Malmont qui s'approche.*) Bonjour, Tugdual.

(Il la salue à trois pas.)

LA HAIE-MALMONT

Bonsoir, ma chère duchesse. Bonsoir, monsieur de Pontchevron. Eh bien !... c'est original, ces réunions de madame de Nans.

ROBERT

Charmantes, je trouve. Un peu trop de monde.

LA HAIE-MALMONT

Il y a quelque chose d'assez curieux dans le ton.

(Il détache *ton.*)

ANTOINE

Dame, c'est sûr que les soirées de la duchesse de Rauzan, pendant le carême de 1835, ça devait être un autre genre...

LA HAIE-MALMONT, suivant son idée.

Il y avait assurément une certaine... fantaisie dans l'ordonnance des places à table.

LA DUCHESSE

Ah! Tugdual, toujours puriste!

LA HAIE-MALMONT

Qui est cette petite dame qui cause avec le Maharaja ?

LA DUCHESSE

La femme de l'auteur, madame Durbec.

LA HAIE-MALMONT

Comment?

LA DUCHESSE

Durbec !

LA HAIE-MALMONT

Connais pas. Mais ce n'est pas elle que je veux dire. Plus loin, là-bas, qui était à la table du prince.

ROBERT

La petite Palluel.

LA HAIE-MALMONT

Américaine, je crois.

ANTOINE

Oui. Lui, en tout cas, le mari, vous le connaissez?

ROBERT

Des Angevins. Nous étions aux Postes ensemble.
Une excellente famille.

LA HAIE-MALMONT

Heu... excellente assurément...

ANTOINE

Allons, bon? Il y a un mais...

LA DUCHESSE

Je le craignais.

ANTOINE

Qu'est-ce que c'est? Une faillite sous Charles le
Chauve? une fille de maltôtier? un antipape?

LA HAIE-MALMONT

Si ce n'était que cela !

LA DUCHESSE, consternée.

Oh! un garçon qui a l'air si bien!

ROBERT

Mais enfin, ils sont alliés à tout le monde. La famille est très connue.

LA HAIE-MALMONT

Très connue, certes, mais... éteinte.

LA DUCHESSE

Hein?

LA HAIE-MALMONT

En 1720.

ANTOINE, déclamant.

Né d'une famille illustre, quoique éteinte en 1720...
J'aimerais ce début de biographie...

LA HAIE-MALMONT

Consultez d'Hozier et le Père Anselme. C'est aussi
clair que l'obélisque au milieu de la place Louis XV.
Sympathique, du reste, ce garçon.

ANTOINE

Courons porter à sa jeune épouse cette excellente
nouvelle. Ça lui fera plaisir. Elle qui a fait coller
sur son auto des armoiries comme une descente de
lit...

LA HAIE-MALMONT

Hé ! hé ! tout le monde ne peut pas être éteint en
1720... Sa famille à elle par exemple...

> (La marquise et le Maharaja, qui rentrent dans le
> salon, se dirigent vers le groupe.)

SCÈNE VI

LES MÊMES, CORYSE, LE MAHARAJA

LA DUCHESSE

Voilà Coryse et le Maharaja qui viennent vers nous,
je crois. Il est bien, n'est-ce pas ? Est-il riche et
généreux ?

ANTOINE

Ma petite tante ! Si on ne vous connaissait pas...

LA DUCHESSE

Robert, faites-le taire.

ANTOINE

Quant à sa fortune, on m'a dit un chiffre, aux Indes ; mais ça ne peut pas s'évaluer. Il y a des bijoux fous, des trésors cachés aussi. Parfaitement, ça a l'air feuilleton, mais c'est un fait. Tout le monde enterre sa galette, là-bas. Le voici. Tenez-vous, ma tante.

CORYSE, à la duchesse.

Oh ! je suis tout à fait enthousiasmée de ce que Son Altesse vient de me raconter de son pays. Quelles merveilles ! Quelle poésie ! Ah ! l'Orient... Je crois, Monseigneur, que vous connaissez tout le monde ici. Mon cousin de Pontchevron.

LE MAHARAJA

Certes, j'ai eu le plaisir de voir le comte de Pontchevron à Ghazelpore, il y a deux ans.

CORYSE, présentant ROBERT.

Le comte d'Avricourt.

ROBERT, s'inclinant.

Monseigneur.

LE MAHARAJA, lui donnant la main.

Je suis charmé, Monsieur.

CORYSE

Monseigneur, vous alliez me dire... Mais je n'ose...
J'ai peur d'être vraiment trop importune...

LE MAHARAJA

Nullement, Madame, je vous le jure, je suis content que ces très vieilles histoires vous plaisent.

CORYSE

Votre Altesse voulait bien nous expliquer le pourquoi de cette feuille verte que le grand porteur de
sabre a placée, avant le souper, sous votre assiette.

LA DUCHESSE

Oui, j'ai remarqué. Et quel dommage de l'avoir
renvoyé après ! Il était si décoratif.

LE MAHARAJA

Mais encombrant. Là-bas, il a une raison d'être...

ANTOINE

Je crois bien. Son Altesse ne veut point vous la dire
pour ne pas meurtrir votre orgueil de maîtresse de
maison. Mais je me rappelle : l'homme est là pour
goûter les plats !

LA MAHARAJA

Mon vieux Golab Sing !... Quant à la feuille... Oh !
ce n'est rien... Un de mes grands-pères avait eu de
graves revers, il y a longtemps. Sa capitale avait été
prise, saccagée, on le traquait dans la jungle et, comme

disent les anciennes chansons, — il y en a beaucoup,
beaucoup sur Pertab Singh, — les chats sauvages
volaient la nourriture de ses enfants. Alors, il fit vœu,
tant que ne serait pas reprise la sainte Chittore, de
n'avoir pour vaisselle que des feuilles vertes et de
la paille pour dormir. Depuis, tous les princes de
Ghazelpore tiennent son vœu à leur manière.

CORYSE, émue.

Et la sainte Chittore ?

LA MAHARAJA

C'est une ruine, une grande ruine.

ANTOINE

Une des plus belles choses de l'Inde ! Et quels
souvenirs !... Mais, Monseigneur, elle est tout près de
Ghazelpore, dans vos États...

LE MAHARAJA

Oui, oui, sans doute, mais nous mangeons toujours
sur les feuilles vertes. J'aimerais vous montrer Chittore, un jour, Madame.

CORYSE

Il me semble que je la reconnaîtrai.

LE MAHARAJA

Vous viendrez ?

CORYSE

Nous irons tous, n'est-ce pas ?

LE MAHARAJA

Nous avons un serment dont nous ne rions pas. Il date du dernier siège de la ville. Par le crime du sac de Chittore, jurerez-vous ?

CORYSE, fascinée.

Je jure.

LA DUCHESSE

Mais ce n'est pas pour tout de suite. Votre Altesse ne nous quitte pas encore. A quoi servirait donc cette belle maison, avenue du Bois ?

LE MAHARAJA

Je ne partirai pas avant quelques mois, en effet. J'aime encore Paris, presque autant que jadis.

CORYSE

Comme tout pourtant doit vous paraître pâle, veule, étriqué !

LA HAIE-MALMONT

Bourgeois !

LE MAHARAJA

Bah ! Où donc y a-t-il encore à faire quelque chose, de l'espace pour étendre ses bras, pour sortir du fourreau sa lame plus qu'à demi, pour... vivre ! Autrefois, du moins... la faim, la soif, la guerre, voilà des contacts passionnants avec la vie ! Heureux Pertab Singh !... Mais à présent il ne s'agit que de mourir. Paris est habité par des gens charmants, qui s'entendent à périr le plus confortablement possible. Regardez, y a-t-il nulle part des femmes plus belles, des hommes plus subtils, des musiques et des mets plus rares, plus exquis ? Où donc trouverais-je un opium de meilleur choix ? Ah ! Paris, c'est la grâce et le charme achevés.

LA HAIE-MALMONT

Achevés !... C'est le mot. Votre Altesse possède les moindres nuances de notre langue !

LE MAHARAJA

Les Français sont si intelligents !

ROBERT

Il y a autre chose que de l'intelligence. Le pays garde des ressources d'énergie.

ANTOINE, à mi-voix.

Tu as bien dit ça...

LE MAHARAJA

Cher pays ! C'est que je l'aime !

CORYSE, voyant apparaître un maître d'hôtel, qui lui fait un signe de tête de loin.

Ah ! en fait de professeurs d'énergie, il y a des chanteurs de Montmartre qui vont nous donner des motifs d'espérer et de croire, sur des airs connus, dans le grand salon. Je crains que cela ne vous ennuie, Monseigneur...

LE MAHARAJA

Mais, jamais...

CORYSE

Oui, n'est-ce pas? (*A la duchesse.*) Ma chère tante, si vous vouliez être tout à fait bonne, vous vous laisseriez emmener par monsieur de la Haie-Malmont, qui vous placerait au premier rang, près du grand palmier, et le reste des convives suivrait le mouvement, si Antoine, comme un ange, les rabattait avec monsieur d'Avricourt. Monseigneur préfère que cela se passe en toute simplicité. Nous suivrons. On commencera aussitôt que vous serez assise.

LA DUCHESSE

A merveille, ma petite. Compte sur moi.

(Elle s'éloigne au bras de la Haie-Malmont.)

CORYSE

Antoine, trouve un moyen de les faire entrer là.

ANTOINE

Crois-tu qu'en criant : Au feu ! (*Il se dirige vers les groupes en disant.*) Ouste! la patronne vous a assez vus... Farcy est arrivé... Par ici... on commence... Ça n'est pas trois sous, pas deux sous... pas...

(Sa voix se perd dans les conversations et les rires, tandis qu'il aiguille l'assistance vers le grand salon, dans le sillage de la Duchesse.)

CORYSE

Si Votre Altesse le préfère, nous pourrions rester ici.

LE MAHARAJA, discret.

Mais...

CORYSE

J'aimerais presque autant, à vrai dire, si toutefois...

LE MAHARAJA

Ah ! quelle bonne idée !... Vous êtes charmante...

CORYSE, signe léger au maître d'hôtel, qui ferme la porte derrière les derniers invités.

Je vous en prie. (*Ils s'assoient.*) C'est votre faute, Monseigneur, si l'effort d'entendre une fois de plus ces choses me paraît impossible ce soir, comme une profanation.

SCÈNE VII

CORYSE, LE MAHARAJA, puis ANTOINE
et GOLAB SING

LE MAHARAJA

Voyons, ils sont très drôles, quoique nous soyons bien ici.

CORYSE

J'aimerais tant être maharani !... (*Mouvement du Maharaja*). Oui, parce que je goûterais peut-être

notre blague nationale. A la longue, elle me fait un
peu l'effet d'une poulie qui grince ; et, au bout de la
corde, l'amour, l'enthousiasme, tout cela tire la langue. Tandis que je pense à ces épisodes prodigieux
d'héroïsme et de poésie que vous me racontiez tout
à l'heure comme des choses toutes simples... Ce sac
de Chittore, par lequel j'ai juré presque malgré moi,
comme si la terrible déesse elle-même...

LE MAHARAJA

Chut ! ne parlons plus d'Elle.

CORYSE

Ah ?

LE MAHARAJA, en proie à un malaise.

Je préfère, voulez-vous ?

CORYSE

Pardon... Mais cette dernière sortie en vêtements
de safran pour signifier qu'ils allaient mourir, il me
semble que je la vois... le soleil sur les créneaux sacrés... tandis que dans les salles souterraines, treize
mille femmes, treize mille, vous m'avez dit...

LE MAHARAJA

La fleur du royaume.

CORYSE

... allumaient les bûchers de santal, fidèles jusqu'à
la mort affreuse...

LE MAHARAJA

Oui, c'est ainsi que mes pères avaient coutume
d'être aimés.

CORYSE

Certes ! Dites encore...

LE MAHARAJA, s'animant.

Il y a, dans le vieux poëme que les bardes chantent,
un passage célèbre que vous aimeriez, un dialogue
entre le jeune Badûl, — il avait douze ans, — et la
femme de son oncle qu'il vient de voir tomber dans un
combat, toujours pendant le siège. Déjà le bûcher
flambe pour elle, mais elle interroge l'enfant : « Comment mon amour a-t-il combattu ? » L'enfant répond,
décrivant chaque fois quelque prouesse. Et la Raj-
putni, insatiable, l'interroge toujours : « Dis-moi,
Badûl, comment mon amour a-t-il combattu ? » —
« Comment le dire, ô mère, il n'a laissé d'ennemis ni
pour l'admirer ni pour le craindre. » Alors, elle, avec
un sourire d'adieu à l'enfant : « Mon seigneur trouvera que je tarde »... et elle saute dans les flammes.
C'était mon aïeule. Mais que vais-je vous raconter
là ? Pardon.

CORYSE

Comment, pardon ! quand vous me donnez l'orgueil
de me sentir presque une héroïne, rien qu'à entendre
ces récits enivrants... Ah ! Monseigneur... c'est moi

qui vous remercie... Que tout doit être facile quand
on est aimé ainsi!

LE MAHARAJA

Vous avez vraiment une âme de ce temps-là, Madame. C'est plus émouvant encore à reconnaître dans
des yeux si beaux que dans la poussière des vieux
livres. Qui sait ? il y a peut-être encore des héros à susciter de cette terre de Rajastan, qui n'a jamais été vassale
et dont les légendes amusent un instant votre ennui.
Qui sait ? avec ces yeux-là, moi, j'essaierais. Ils sont
faits pour illuminer les plus beaux deuils, et guider
les plus beaux songes. Vous êtes si belle... d'une
beauté qu'exalteraient le risque, la lutte... ah ! cette
bouche-là est faite pour des baisers de soir de bataille.

CORYSE

Pauvres poupées de luxe que nous sommes! Vous
raillez, Monseigneur.

LE MAHARAJA

Jamais. La raillerie, j'en ai pu apprendre la grimace.
C'est une des grâces de votre civilisation, n'est-ce
pas ? Mais si j'ai un défaut, c'est de n'en pas comprendre l'âme, qui me paraît basse. Il me semble que
vous êtes peut-être un peu comme moi... Non, certes,
je ne raille pas. Vous êtes très belle. (*Très félin.*) Mais
si je vous offense, je m'humilie, je me tais... ce n'est
rien...

CORYSE

Non, je ne suis pas offensée.

ANTOINE, entrant.

Pardon, Monseigneur, Golab Sing veut parler à Votre Altesse. Un messager est venu de l'hôtel, je crois.

(GOLAB-SING entre, il échange quelques mots rapides avec son maître.)

LE MAHARAJA

M'excuserez-vous, Madame? Je suis au désespoir. Il est tout à fait urgent que je parle à cet homme.

CORYSE

Mais certainement, Monseigneur. Antoine, il n'y a personne au fumoir : on n'y dérangera pas Votre Altesse. (*Elle fait mine de venir, le Maharaja, d'un geste, l'arrête et sort avec Antoine. Coryse, rêveuse, reste seule un instant, puis à Antoine qui revient.*) Qu'est-ce que c'est? J'ai eu peur que le saint homme se décommande.

SCÈNE VIII

CORYSE, ANTOINE

ANTOINE

Non, c'est un petit Hindou en casquette de voyage, l'air pas commode.

CORYSE

Quels gens mystérieux !

ANTOINE

Ecoute, je saisis l'occasion. Ce pauvre Robert meurt d'envie de te parler. Je vais le chercher, ne dis pas non.

CORYSE

C'est que mes invités...

ANTOINE

Qu'est-ce que ça fait ? Tu es si originale... J'y vais.

> (Au moment de sortir, il se rencontre avec Winston Graham, qu'on introduit. Américain, trente ans, glabre, distingué.)

ANTOINE

Tiens, monsieur Winston Graham ! Le Nouveau-Monde manquait à cette fête.

CORYSE, s'avançant.

Oh ! c'est vous, monsieur. Que je vous remercie d'être venu et de me donner l'occasion de vous connaître ! Et ce bibelot admirable dont vous n'avez pas hésité à vous séparer. C'est infiniment aimable. Je ne sais comment vous remercier. J'ai été si indiscrète.

GRAHAM

Nullement, Madame, et quand cela serait, vous

avez le droit. (*Antoine sort.*) Moi qui ne sors guère, il y a longtemps que je souhaitais...

SCÈNE IX

CORYSE, GRAHAM, puis ANTOINE et ROBERT

CORYSE

Il paraît que le saint homme souffrirait beaucoup de ne pas s'asseoir à l'orientale, j'ai pensé pouvoir me permettre...

GRAHAM

Justement, le trône a appartenu à un holyman aussi, à un pontife guerrier de là-bas. Je l'ai rapporté, il y a deux ans.

CORYSE

Vous avez dû connaître le Maharaja de Ghazelpore, pendant ce voyage.

GRAHAM

Oui, oui, un prince très curieux, très intéressant. Obsédé par le souvenir de ses aïeux, une sorte de tyran artiste, un Louis de Bavière. Il vous amusera.

CORYSE

Je le trouve étonnant.

GRAHAM

Oh ! les Anglais aussi. (*Il regarde autour de lui.*)

Que j'aime cette maison ! Est-ce parce que c'est la vôtre qu'elle me semble différente de toute autre ?

CORYSE

Je me demande ! Mais je suis flattée, vous vous connaissez en belles choses.

GRAHAM

Je les aime, voilà tout. Et je les désire fortement, sourdement, dès la minute où je les ai vues.

CORYSE

Quitte à les oublier une fois possédées. Vous êtes un pacha de la curiosité.

(Rentrent Antoine et Robert.)

ANTOINE

Il n'était pas loin. Venez-vous, monsieur Graham ? Je rentre au salon. La dernière de Farcy était d'un raide... La suivante est pire, paraît-il. Je vais faire une annonce : les dames qui n'ont pas plus de trois amants sont priées de se retirer. Ah ! ah !

CORYSE

Reviens me prévenir quand ce sera fini, et trouve moyen de surveiller le fumoir, veux-tu ? Et tâche de choisir une place convenable pour M. Winston Graham, surtout. A tout à l'heure.

(Elle les congédie gracieusement ; ils sortent.)

SCÈNE X

ROBERT, CORYSE puis ANTOINE

ROBERT

Mon amie, enfin ! je viens horriblement mal à propos, mais je ne pouvais plus attendre. Il y a si longtemps ! Que vous ai-je fait ?

CORYSE

Rien, mon pauvre Robert. Au contraire, vous êtes très gentil. Je ne voudrais pas que vous ayez du chagrin dans la vie. On souhaite ces choses-là, c'est la vie qui décide, hélas !

ROBERT

Que voulez-vous dire ? Vous êtes une force terrible et capricieuse. Que vous faut-il à briser maintenant ?

CORYSE

Quoi, Robert ? Mais tout ce qui m'entoure, ce cercle de conventions, de préjugés, de singeries qui s'appelle « le monde », où j'étouffe, où je ne veux pas mourir. Tout cela grouille, ment et se hait. Ils portent de faux noms, de faux titres, de faux visages, ou ce sont des fossiles, des spectres ridicules qui continuent machinalement d'autres mensonges, plus anciens. Je les connais, je les ai assez vus. Non, non, autre chose ou la mort.

ROBERT

Sapristi, voilà qui est grave. Qu'a-t-il fait encore à son idole, ce monstre de monde? Mon Dieu, je ne l'aime pas tant que ça.

CORYSE

Où trouve-t-on un mondain qui ose convenir d'aimer le monde? quelques petites filles qui débutent, jusqu'à leur quatrième bal, peut-être, et encore...

ANTOINE, apparaissant.

Pardon. Le saint homme, je pense, vient d'arriver. Epatant! L'homme au sabre l'attendait en bas. Il est enfermé dans le fumoir avec le Maharaja. Il y a comme une atmosphère de conspiration... Mais je file.

CORYSE

Reste. Nous nous disputions.

ANTOINE

Une seconde, tu sais. Vois la tête de Robert.

CORYSE

Nous parlions du monde. Il le défend! Comprends-tu ça ?

ROBERT

Je disais seulement qu'après tout, pour une femme, c'est le théâtre rêvé.

CORYSE, ironique.

Oui, n'est-ce pas, c'est assez bon pour les femmes.
Il n'y a pas un esprit libre ou vigoureux qui ne tente,
comme premier effort, de s'arracher à cette médiocrité
et à cette platitude pour créer une œuvre ou une vie...

ANTOINE

Que tu t'exprimes bien !

CORYSE

Mais les femmes, n'est-ce pas ?... Merci.

ROBERT, d'un ton de reproche.

Oh ! mon amie !...

CORYSE

Et puis, vous avez bien raison, ne vous excusez
pas. Si le monde est ce qu'il est, c'est parce que les
femmes le font...

ANTOINE

Il y a du vrai. Tu es assez subtile pour ton embon-
point...

ROBERT

Mais enfin, si les hommages que le monde a été
créé pour vous rendre ne vous paraissent pas une
raison d'être suffisante...

CORYSE

Peuh ! que valent-ils ?

ROBERT

Que valent-ils ? (*Reprenant son premier ton.*) Ne pouvez-vous, vous si grandement et si évidemment supérieure à lui, vous amuser de son spectacle ? C'est le point de vue d'Antoine : il a sa manière de défendre le monde quand on l'attaque, il ne veut pas qu'on touche à ses pantins.

ANTOINE

Certainement, ça m'amuse, moi, de considérer tous ces gens comme spécialement chargés de pourvoir à mes plaisirs de spectateur, du reste intermittent. La cocasserie générale et l'ironie de tout me rendent seules la vie supportable. La pièce est mauvaise, le régisseur est saoul, tous les pitres bafouillent le rôle d'un autre. Mais je m'amuse comme un fou. Ah ! comme ils nous manqueraient, avouez-le, tous nos bons fantoches ordinaires, les vieux enfants prodigues, les douairières qui, après avoir le plus follement chaussonné, tiennent, comme sceptre des élégances incontestées, le manche du balai qu'elles ont si bien rôti, le poëte grand seigneur, le monsieur qui débite des fadeurs aux duchesses et dont le père, qui débitait de l'aloyau, dort dans le cimetière du village, sous une dalle maquillée d'armoiries posthumes... les arrivistes canailles, les arrivés honnêtes, — c'est les mêmes ! — les intrigues, les coucheries, les rosseries, les saletés... Ah ! ma petite, comme c'est bon ! (*A Ro-*

bert.) Maintenant ne trépigne pas, toi, je disparais.
Parlez de choses sérieuses.

(Il sort.)

SCÈNE XI

ROBERT, CORYSE

CORYSE

Spectateur !... Si on était Jéhovah, ou un toqué
comme Antoine, ou un vieux boursier désabusé, cela
pourrait suffire, cette manière de regarder la vie. Mais
cette vie, j'y participe, je ne m'en puis abstraire, elle
me submerge de sa banalité dévorante et j'en suis si
excédée, si lasse, mon pauvre ami, d'elle et de tout
ce qu'elle m'a donné de satisfactions sentimentales
ou autres... Je ne veux pas avoir l'air d'une poseuse,
jouer à l'âme d'élite en exil, mais c'est vrai que je
m'ennuie et que j'ai besoin d'autre chose et d'autres
visages, d'autres décors, d'autres motifs, d'autres...

ROBERT, geste pour l'arrêter.

Oui, je comprends...

CORYSE

Pauvre Robert, vous souffrez... Je vous demande
pardon, j'en suis au désespoir. Mais ce n'est pas ma
faute ! Nous ne sommes rien, et il ne faut jamais
dire : toujours, de peur de faire rire de mauvais génies
dans la nuit.

ROBERT

Pour désapprendre aux hommes ce mot de toutes nos misères, il viendra peut-être un nouveau messie... Trop tard, je le crains, pour ceux d'entre eux qui me ressemblent.

> (Un bruit d'applaudissements et de rires vient du salon voisin. La marquise tourne presque involontairement la tête.)

ROBERT

Ecoutez, Corysande, j'aurais préféré vous parler ailleurs que dans cette fête où je suis un fâcheux condamné d'avance — mais je n'ai pas le choix, — voilà un mois que je n'ai pas pu vous voir et cela n'a pas été ma faute — mais ce n'est rien — rien n'est la faute de personne... Dire qu'il faudra peut-être encore un autre messie pour convaincre l'humanité de cela !... Coryse, je vous aime, je ne vous dirai pas combien afin que vous puissiez l'ignorer dans la sérénité de votre cœur si tendre, que le plus humble souci ne troublera jamais par ma faute. Car j'éprouve la cruelle certitude que le seul sacrifice dont vous me sauriez gré à cette heure, c'est de m'effacer, discrètement, de votre vie, où j'aurai tenu un instant une place... Oh ! Coryse, dire que cela a été, qu'il faudra continuer à vivre... Pardon, je me croyais plus fort...

CORYSE

Robert !

ROBERT

Chut ! Soyez dure, ne plaignez pas. Bah ! ce n'était
rien. Un peu de... sentimentalité. Je ne suis qu'un
pauvre gendumonde, ma Coryse, qui rentre dans
le rang. Vous verrez... si peu gênant... si lointain...
Je m'efforcerai même de faire la cour à d'autres
femmes...

CORYSE

Ah !

ROBERT, comique et triste.

Ce n'est peut-être pas tout à fait la chose qu'il fallait dire ?

CORYSE

Eh ! pourquoi donc ?

ROBERT

Si vous vouliez être bonne, vous décideriez de ce
point... Oui, parfaitement, ça vous est égal, je sais
bien. Mais ce sera comme une dernière marque...
d'intérêt... mettons de charité.

CORYSE

Je souhaite de tout cœur que vous soyez heureux,
Robert. Vous valez mieux que votre destinée. Il ne
faut jamais douter de ma profonde amitié.

ROBERT, *douloureusement.*

Amitié ! Me parler d'amitié, c'est un peu compli-
menter un poëte sur son orthographe... N'importe,
merci, mon amie. Et puis, je voulais vous dire aussi
que le jour où vous pourriez avoir besoin de moi, je
serai là, pas très loin, parce que je ne pourrai pas
vous oublier, malgré tout ; et tout le reste, à côté de
vous... Ah ! je ris de penser à ce que c'est que tout
le reste... (*Se contraignant.*) Mais c'est fini... Il faut
que vous rentriez, n'est-ce pas ?

(Elle se lève.)

CORYSE

Cher Robert !... Tout est cruel.

ROBERT

Non, pas vous. Votre main. (*Il la baise longuement.*)

CORYSE, d'une voix altérée.

Nous rentrons ? Non, pas ensemble... Aux yeux du
monde, c'est mieux. (*Elle sort, après l'avoir affectueusement regardé.*)

> (Resté seul, Robert a un mouvement de désespoir et
> sort au moment où entrent le Maharaja et le Swami.
> Il s'efface, les salue et sort par la porte du fond qui
> leur a livré passage.)

SCÈNE XII

LE MAHARAJA, LE SWAMI

LE MAHARAJA

Elle n'est pas là. Des hommes chantent. Elle est avec eux. Ainsi font-ils en Occident. Père, il ne vous en a pas trop coûté de venir? Elle le voulait très fort.

LE SWAMI

Il est doux de subir le vouloir de ce qu'on aime, mais il n'est pas plus sage de vouloir que d'aimer. Pourtant je t'aime et je fais ce que tu veux.

LE MAHARAJA

Père, il faut aimer ce que je veux. Mes rêves, mon dessein, le plus pur de moi-même. Jamais d'aussi grandes, d'aussi pressantes espérances ne m'avaient parlé plus haut que ce soir. Ces nouvelles de Dil-warra, en sentez-vous la gravité?

LE SWAMI

Jusqu'à l'effroi.

LE MAHARAJA

Si l'on croyait aux prodiges, certes...

LE SWAMI

Je ne crains pas les prodiges. Le miracle est facile auprès de la sagesse. L'éclair peut descendre sur l'autel d'Agni et percer le bouclier de Ghazelpore et tout le sang de Rajastan frémir des vaines convoitises de la liberté... ainsi t'écrit le prince de Dilwarra... ainsi Maya se joue des hommes. Le moucheron qui danse dans le soleil pèse autant qu'un univers dans le filet qu'elle lance sur les choses. Je ne crains pas les prodiges. J'en ai naguère étudié la science, cette Yoga dont se préoccupent les mystiques badauds de l'Europe. Je l'ai dédaignée. C'est un jeu pitoyable d'abuser les sens misérables de l'homme, comme le pêcheur éblouit les poissons de sa torche. Non, ce dont j'ai peur, c'est de ta folie, de ton audace, et de tout le mal qu'elles peuvent te faire. Ceux qui se nomment nos maîtres sont puissants.

LE MAHARAJA

Puissants ! Par notre seule faiblesse ! Il y a des chiffres que je rougis de me répéter, même à moi seul, la nuit ; soixante-quinze mille Blancs règnent sur près de trois cents millions d'hommes entre l'Himalaya et la mer ! Trois cents millions d'esclaves, songez à cela.

LE SWAMI

Les vrais esclaves sont ceux qu'asservit ce mot grossier : la liberté. Pesante chimère d'Occident ! Préjugé barbare qui enchaîne l'âme, la méditation, la seule activité digne de ce nom à je ne sais quelles aises ignominieuses et quels gestes ridicules ou pervers. En es-tu là, fils de mon esprit et de ma peine ?

LE MAHARAJA

Oui, j'en suis là. Pardonnez, père. Mais qu'y puis-je, si votre sagesse m'apparaît inhumaine, inaccessible et glacée? Il faut, il faut pourtant que vous sentiez que j'obéis à une ambition plus haute, moins égoïste que celle des formidables despotes de l'Indoustan où quelques hommes, après tout, ont su ce que signifiaient les grands mots d'orgueil et de volupté. Ce passé s'exhale du sol comme une ivresse, je l'ai bu aux torrents de nos défilés, aux citernes de nos ruines, aux lèvres dégénérées de nos bardes, j'en ai nourri mon rêve à moi, mon rêve le plus pur. Oui, j'ai fait le rêve, sous ce masque banal de touriste et de parasite princier, que cette terre prodigieuse, mère des peuples et des dieux, pourrait recouvrer par moi la conscience de sa grandeur et de sa force affermées par le sort à des banyas blancs. Elle est morte, son âme a fui. Elle sue un or machinal, voilà tout. Sa pensée, son art, cet apport spécial d'un peuple à l'énergie du monde qui fait son originalité, son existence, son droit à durer, elle a perdu tout cela. Les lui rendre, la susciter à elle-même dans son infinie richesse de terroirs et de races, comme ces conquérants de jadis qui faisaient jaillir autour de leur lance plantée des murailles, des temples, des tours, la splendeur encore exaltante des villes mortes qui croulent dans nos jungles... quelle magnifique raison de vivre, ou de mourir! Comprenez-vous, père? Maudirez-vous un tel devoir?

LE SWAMI

N'espère pas me convertir à la plus antique erreur de la vie. Mais le reflet des feux de la jeunesse sur le mensonge universel est mélancolique et beau pourtant à regarder. On pardonne à l'aube malgré qu'elle amène le jour. Et moi qui te parle contre l'illusion universelle, n'en suis-je pas aussi le triste jouet, puisque j'aime encore une chose de la terre, parmi les plus fragiles, les plus téméraires, les plus menacées, un homme, un enfant, toi !

LE MAHARAJA

Mon père, vous êtes bon. Mais vous ne pouvez m'aimer sans aimer encore davantage ces vœux, ces rêves qui me sont plus chers que moi-même.

LE SWAMI

Comment ! n'est-ce point assez d'avoir franchi pour toi la mer, d'avoir quitté le petit temple dans les racines du banyan, au confluent de deux rivières, où je devrais me réveiller vers cette heure?... Car c'est le matin. Les premiers oiseaux et les dernières chauves-souris se mêlent sur le fleuve... ils me cherchent... ils me connaissent bien. Plus tard, une femme pieuse déposerait de la farine ou des fruits contre l'arbre et s'en irait à pas légers pour ne pas troubler ma pensée fixée au delà de Dieu... Douces gens, douces bêtes, dont l'humble grâce inutile, frôlant ma méditation, formait comme une frange aux voiles mouvants de l'Ineffable... Ils m'attendent et je suis ici dans une fête impure...

LE MAHARAJA, souriant.

Oh ! père...

LE SWAMI

Que te faut-il ? La concupiscence est partout, dans les musiques, les nourritures immondes, les nudités solliciteuses. Me sera-t-il seulement épargné de voir consommer devant moi l'acte funeste où triomphent l'illusion et la mort ? Ne dis pas non. C'est ainsi que tout cela doit finir ; autrement, ce serait trop ridicule.

LE MAHARAJA

Non, mon père, rassurez-vous. Leur morale est stricte sur ce point essentiel.

LE SWAMI

Ils ont une morale !... Mais, en tout cas, me voici, sur ton désir, parmi tous ces mlechs nourris de vache. J'ai beau me donner le change à moi-même, en prêtant à la sagesse le vain devoir d'être curieuse, je frissonne au profond de moi à penser que l'ombre du plus illustre ou du plus saint de ces hommes passerait sur la nourriture du dernier de mes esclaves que celui-ci aimerait mieux mourir de faim que de toucher à son écuelle souillée...

LE MAHARAJA

Père, je m'étonne de vous entendre parler ainsi. Vous qui avez dépassé les préjugés de la caste comme les rites des dieux vulgaires... Vous qui avez méprisé les pouvoirs terribles de la Yoga.

LE SWAMI

Les ancêtres ignorants murmurent parfois dans les moelles de l'homme, à l'heure où l'opprime le mystère des choses étrangères.

LE MAHARAJA

La Yoga, m'avez-vous dit?... Mais alors, père, vous pouvez m'assister, ce serait un jeu pour vous...

LE SWAMI

Qu'est-ce encore ?

LE MAHARAJA

Il faut que je sache la vérité sur cette trouvaille d'Achilgar, qu'on vient de me télégraphier. Est-ce' bien le fameux trésor de Bikramjit, celui dont nos annales mentionnent l'existence et la richesse à tant de reprises? Le nom de la citadelle n'était pas connu, mais la tradition est précise : « Parmi les piliers noirs où le dieu d'or tient le lièvre dans sa trompe (Ganesch, le dieu de la bonne fortune, le lièvre symbolique des élésodias, vous comprenez...) Il faut que je sache si c'est une trouvaille ordinaire ou bien l'amas fabuleux du butin conquis, il y a trois siècles, rien que sur les sultans de Guzerat. Il y aurait de quoi payer des consciences jusqu'à la mer arctique. Et je suis à Paris à même de sonder, de négocier, de conclure. La coïncidence des deux événements : le miracle du mont Abu désignant ma race si clairement pour une tâche encore mystérieuse et la découverte de ces ressources énormes, il faut en tirer le maximum. L'heure est décisive. Père, il faut que je sache si c'est le trésor de Bikramjit que le Thakur de Dilwarra a retrouvé. Vous pouvez voir de loin, projeter votre pensée, votre corps même. Ces choses sont aisées pour vous.

LE SWAMI

Que me demandes-tu ? C'est impossible.

LE MAHARAJA

Je n'ai pas l'habitude de prier... Cependant (*Avec effort*), je vous prie...

LE SWAMI

Et puis, si ma vieille âme succombe aux puissances natales et m'oublie ici parmi ceci... Horreur !... et pour quel but ? que de sang, que de crimes et de douleur vont en sortir ! mais je puis peut-être...

LE MAHARAJA

Ah ! merci !

LE SWAMI

Parmi les hommes qui sont ici, ce soir, les femmes plutôt, je pourrais en trouver une, tenter de faire voyager cette âme indocile jusqu'aux vallées de l'Aravali. Mais je connais mal ces karmas et je crains...

LE MAHARAJA

On peut essayer — avec toute la prudence désirable. Nous nous arrêterons à temps. Mon père, j'ai votre promesse. Merci. Ils viennent.

> (Rentrent la marquise et le reste des invités, causant, riant ; en apercevant les Hindous, la marquise se dirige vers eux rapidement. Les autres restent à distance respectueuse.)

SCÈNE XIII

LES MÊMES, CORYSE et TOUS LES INVITÉS

CORYSE, au Maharaja qui s'avance.

Je suis désolée, je ne savais pas le Swami ici. Voulez-vous me présenter et m'excuser ?

LE MAHARAJA

Nous avons eu beaucoup de choses à dire. C'est moi qui vous dois les plus humbles excuses. Père, la marquise de Nans, qui aime mieux que vous les belles histoires du Rajastan.

CORYSE

Je ne sais comment vous remercier, Monseigneur, d'avoir daigné venir ce soir. Je ne suis qu'une ignorante, mais j'ai le culte de cette admirable sagesse hindoue, si mal connue de nous malgré nos orientalistes, dont vous ne lisez sans doute pas les œuvres. (Le Maharaja traduit au Swami qui répond.)

LE MAHARAJA

Il dit : « Ce sont des vers luisants qui doivent leur éclat à la nuit qui les entoure... je ne savais pas leurs leçons suivies par des yeux si bien faits pour enseigner aux hommes le contraire de la sagesse. »

> (Coryse, en souriant, le guide vers le trône carré à coussins où elle le fait asseoir, pendant qu'Antoine, au centre d'un groupe de femmes qui boit ses paroles, se porte un peu en avant.)

UNE DAME

Comme il est bien !

UNE AUTRE

Qu'est-ce qu'il est au Raja ?

UNE AUTRE

Une sorte de père spirituel. N'est-ce pas, Antoine ?

D'AUTRES

Oui, vous le connaissez, monsieur de Pontchevron,

Mme DURBEC

Comme c'est intéressant !

PLUSIEURS

Oh ! dites-nous !

ANTOINE

A toutes à la fois ?

TOUTES

Oui, oui.

Mme DURBEC

Vous l'avez rencontré aux Indes ? comment ?

ANTOINE

Au pied d'un figuier, près d'une rivière. Il était encore plus décolleté que… (*La regardant, puis à la duchesse qui arrive*)… ma petite tante…

UNE PETITE DAME, qui rougit aussitôt.

Tout nu ?

ANTOINE

Un ver.

UNE DAME

Oh ! ma chère, penser à cela !

UNE AUTRE

Est-ce possible ? Un vieux monsieur si comme il faut.

LA PETITE DAME

Est-il marié ?

ANTOINE

Quel rapport ?

(La petite dame rougit horriblement.)

UNE AUTRE

Mais non, c'est un saint.

ANTOINE

On lui donne même là-bas le nom de dieu. (*Mouvement effarouché*.) Qu'est-ce que j'ai dit ?

LA DUCHESSE

Ah ! ce Toine !

UNE DAME

Est-ce qu'il fait des miracles ?

ANTOINE

Un peu qu'il fait des miracles !

TOUTES

Quoi ? quoi ?

UNE

Comme c'est intéressant !

UNE

Je suis tout émue.

UNE GROSSE DAME

Oh ! j'ai peur !

ANTOINE

Il pourrait toutes vous changer en fourmis volantes

ou en beurriers... Un jeu pour lui... Mais il se contente de lire dans les âmes.

Mᵐᵉ DURBEC

Vraiment, il lirait dans ma pensée.

ANTOINE

Comme vous dans votre annuaire du High-Life.

LA DUCHESSE

C'est passionnant.

ANTOINE

Oui, mesdames, il pourra dire à chacune combien elle a eu d'amants.

UNE DAME

Quelle horreur !

LA HAIE-MALMONT, s'approchant, à Antoine.

Madame de Nans semble avoir oublié de me présenter. Seriez-vous assez aimable, cher monsieur de Pontchevron, pour y suppléer ?

ANTOINE

Enchanté. Mais, vous savez, je n'ai encore présenté personne à un dieu. Il n'y a que vous à Paris qui puissiez me dire le protocole.

LA HAIE-MALMONT

Protocole ! Fi, ce terrible mot démocratique... On voit monsieur Loubet dansant le menuet... ah !

ANTOINE

Chassons cette vision...

Mme DURBEC

Mais un dieu, ça connaît tout le monde.

UNE DAME

C'est son métier.

LA HAIE-MALMONT

Pardon, c'est tout de même un faux dieu. (*Sévère.*)
Il serait du dernier mauvais goût de laisser le moindre
doute sur ce point. Attendez... ce n'est qu'une question de nuance... (*Il se touche le front.*)

ANTOINE

Enfin, c'est bien simple ; il faut le saluer comme
dieu parce que c'est poli, mais tout en lui faisant
sentir discrètement qu'il est faux ! quelque chose
dans le genre de l'accueil pour familles éteintes.

> (La duchesse lui pousse le coude. La Haie-Mal-
> mont, qui, absorbé, n'a pas entendu, a un sourire
> satisfait et dit.)

LA HAIE-MALMONT

Je sais.

ANTOINE

Ah !

LA DUCHESSE

Il est merveilleux.

LA HAIE-MALMONT, doctoral.

Nous sommes dans un salon. Nous écartons, n'est-ce pas ? la préoccupation du caractère sacré... c'est-à-dire... enfin, quoique dieu, il n'est ici qu'à titre d'homme du monde.

ANTOINE

Précisément.

LA HAIE-MALMONT

Je vois : quelque chose entre la manière d'aborder par exemple un métropolite orthodoxe et un archevêque anglican.

ANTOINE

Heu ! heu !

LA HAIE-MALMONT

Je prévois l'objection : ceux-là du moins sont de la communion chrétienne.

ANTOINE

Vous m'entendez à demi-mot.

LA HAIE-MALMONT

Effaçons donc le caractère sacré.

ANTOINE

Effaçons-le.

LA HAIE-MALMONT

Alors, comme pour une Altesse Sérénissime, mais avec la note de vénération... ou comme pour un car-

dinal de la Sainte Eglise, avec la note de... scepti-
cisme.

ANTOINE

J'y vole.

> (Ils se dirigent vers le Maharaja et le Swami qui
> causent avec la marquise.)

LA DUCHESSE

Quel maître d'hôtel admirable et précieux il aurait
fait, ce Tugdual ! La perfection ! Ah ! quel dommage !

> (Le groupe des femmes s'est porté vers le Swami
> autour du trône carré où il est assis, les jambes
> croisées.)

CORYSE

Monseigneur, le comte de la Haie-Malmont demande
à être présenté au Swami.

LE MAHARAJA

Père, le comte de la Haie-Malmont.

> (Le Swami serre la main avec bienveillance à la
> Haie-Malmont un peu déconcerté.)

LA HAIE-MALMONT

Est-ce votre première visite à la France, Monseigneur ?

> (Le Maharaja traduit la question au Swami, qui
> répond en hindoustani.)

LE MAHARAJA

Oui, c'est sa première visite en Europe. Il trouve
Paris très beau ; mais un peu effrayant.

LA DUCHESSE

Les automobiles ?

LE MAHARAJA, souriant.

Non, pas les « Shaitangarri », les voitures de Satan,
comme on les appelle dans l'Inde, non, la beauté des
femmes.

ANTOINE, à part.

Ce gymnosophiste est un vieux flirt.

LE MAHARAJA

Tout à l'heure il craignait... non, je ne peux pas
vous dire.

LA DUCHESSE

Je suis sûre que Sa Sainteté dirige des œuvres là-
bas. La question des orphelinats pour jeunes filles, où
en est-elle ?

> (Geste consterné de l'assistance. Le Maharaja a
> l'air gêné.)

LE MAHARAJA

Nos pères avaient trouvé une solution à cette ques-
tion-là, Madame la duchesse. Vous me permettrez de
vous en reparler plus à loisir.

LA DUCHESSE

Oh, merci pour les chères petites.

ANTOINE, prenant la duchesse à part.

Je la connais, moi, sa solution.

LA DUCHESSE

Pas possible !

ANTOINE

Si, si, ma petite tante. Je me rappelle parfaitement
maintenant. Et elle est bonne !

LA DUCHESSE

Qu'est-ce que c'est ?

ANTOINE

L'infanticide des filles.

LA DUCHESSE

Quelle horreur !

CORYSE, au Maharaja.

Et le Swami ne souffre pas trop d'être loin de son
admirable pays?

> (Le Maharaja traduit et le Swami sourit et hoche
> la tête longuement.)

LE MAHARAJA

Oui, il souffre. Il me parlait tout à l'heure du grand
arbre sous lequel il médite, au confluent des deux rivières saintes, de ses bêtes familières et de l'odeur
des matins de là-bas.

CORYSE

Oh, comme c'est touchant! Que pourrait-on faire?

Mme DURBEC

Mais il peut par la pensée ressusciter son pays, projeter son corps astral à travers l'espace. Qu'il doit être heureux !

ANTOINE

Oh! mais quelle érudition, chère Madame !

Mme DURBEC

J'ai beaucoup lu sur ce sujet. Il n'y a rien que je ne donnerais pour voir l'Inde et ses magies.

> (Le Swami, qui a tenu les yeux obstinément fixés sur elle depuis qu'elle a parlé, prononce un mot à voix haute. Mouvement de curiosité.)

CORYSE

Qu'est-ce, Monseigneur?

LE MAHARAJA

Il a dit : tout de suite.

> (Le regard de Mme Durbec devient fixe aussi sous celui de l'Hindou.)

LA DUCHESSE

Comment, mais qu'est-ce que vous avez, chère Madame? Tugdual, elle tombe !

LE MAHARAJA

N'ayez pas peur, je vous en prie. Il n'y a aucun danger, j'en réponds. Seule une interruption brusque pourrait être fâcheuse. (*A la Haie-Malmont, qui sou-*

tient Mme Durbec d'un air à la fois effrayé et dégoûté.)
Sur ce meuble.

(Durbec aide à asseoir sa femme, aidé par la marquise.)

CORYSE, à Durbec.

Je vous en supplie, cher monsieur, ne vous alarmez pas.

DURBEC

On l'a toujours endormie facilement.

ANTOINE

Voilà les bêtises qui commencent.

UNE DAME

C'est vraiment émouvant. Il n'a pas levé un doigt, pas fait une passe, l'œil a suffi.

ANTOINE

Ça me tourne les sangs. Moi qui comptais sur un petit bridge.

LA GROSSE DAME

Dieu! que j'ai peur !

ANTOINE

Faut-il demander votre voiture ?

LA GROSSE DAME

Jamais de la vie! elle va peut-être mourir.

ANTOINE

Bon petit cœur !

(Mme Durbec jette un faible cri.)

ANTOINE

Ça y est !

(Le Maharaja parle au Swami à voix basse.)

LE SWAMI, en hindoustani.

Où êtes-vous ?

Mme DURBEC

Ah !...

DES VOIX

Elle parle !

Mme DURBEC, péniblement d'abord.

Une vallée... du soleil... des champs, des champs de fleurs... pas de blé, rien que des coquelicots, des bleus, des rouges, des mauves.

LE MAHARAJA

Les pavots à opium, la récolte est sur pied... et puis ?

Mme DURBEC

Un fort tout rose là-haut sur la montagne, un temple au fond du défilé, des singes sur les corniches, au pied des hampes de cuivre. C'est beau...

LE MAHARAJA, signe d'affirmation.

Achilgahr.

(Il parle hindoustani. Le Swami fixe toujours le sujet, un temps.)

ANTOINE, à sa voisine.

L'idée que madame Durbec, qui est née au Gros-Caillou et n'a jamais dépassé la Garenne-Bezons, fait en ce moment du tourisme dans les Grandes Indes, ça ne vous bouleverse pas ?

LA GROSSE DAME

Mon cher, c'est affolant, chut! elle dit quelque chose. Comme sa figure change!

Mᵐᵉ DURBEC, un cri.

Ah! la nuit, je ne vois plus. Il fait une nuit chaude, je ne vois plus... pas d'étoiles, pas d'air, comme une tombe. J'ai peur.

CORYSE, inquiète.

Vous êtes sûr que...

LE MAHARAJA

J'en réponds. (*Presque dur*), et puis, il faut... (*Félin.*) Ce n'est rien, ce n'est rien.

(Il parle hindoustani au Swami.)

Mᵐᵉ DURBEC

Je ne vois pas... Pourtant oui... des coffres, un monstre sur un autel, il a une tête d'éléphant... Sa trompe tient... (*Cri aigu.*) Ah! il y a un homme par terre devant l'autel, il n'a plus de mains, il les a rongées jusqu'aux os, il est mort! ah!

(Elle tombe en proie à une crise de nerfs au

moment où le Swami la réveille d'un signe impératif. Le Swami sourit d'un air rassuré tandis qu'on
entoure Mme Durbec.)

CORYSE

Dans ma chambre.

(On soutient Mme Durbec, qu'on fait sortir par
la porte de droite. Coryse va jusqu'à la porte
où pénètre la duchesse, puis revient au Maharaja
et au Swami.)

LA GROSSE DAME, très excitée.

Antoine, vous avez senti quelque chose? Je vous ai
entendu crier.

ANTOINE, se frottant le bras.

Je vous crois que j'ai senti quelque chose. Vous
me pinciez à faire hurler un traversin.

LE MAHARAJA, à Coryse.

Je suis désolé vraiment, Madame. Mais il n'y a aucun
danger, malgré cette réaction un peu brusque. Le
Swami me l'affirme. Je regrette de n'avoir pu prévoir
une rencontre pareille. C'est une épreuve pour des
nerfs de Parisienne. Sans doute un voleur muré, évidemment par hasard, dans un sanctuaire de Ganesch,
le dieu de la Bonne Fortune! Mais combien d'excuses j'ai à vous faire cependant!

(Sa joie déborde malgré lui.)

CORYSE, à la duchesse, qui sort de la chambre.

Eh bien ?

LA DUCHESSE

Elle va mieux. Une petite secousse.

ANTOINE

Avec l'habitude, n'est-ce pas...

LA DUCHESSE

Je vais emmener la pauvre petite femme dans ma voiture. Veux-tu la demander, Antoine ?

ANTOINE

Ah ! voilà qui la retapera plus vite que des tractions mécaniques de la langue. Elle se mettrait en arc de cercle trois fois par jour pour se promener avec nous une fois par an.

(Il sort par la porte vitrée. La duchesse rentre dans la chambre. Le babou entre par la porte du fond et se glisse jusqu'au Swami, devant lequel il se prosterne à demi, puis avec qui il s'entretient à voix basse.)

LE MAHARAJA, à Coryse.

Vous ne m'en voulez pas ?

CORYSE

Au fond, c'est à Mme Durbec que j'en veux, cela de-

venait justement intéressant. Mais qu'était-ce ? Me
direz-vous, Monseigneur ?

LE MAHARAJA

Il y a tant et tant de choses que je voudrais vous
dire ce soir.

> (Antoine rentre. Par la porte qu'il ouvre, on en-
> tend une voix.)

UN MAITRE D'HOTEL

Les gens de Mme la duchesse de Tonnay-Charente.

CORYSE

Tout le monde va partir. Pour moi, j'écouterais Votre
Altesse jusqu'à l'aube.

LE MAHARAJA

Je n'ose implorer la faveur...

CORYSE

Certes, restez, Monseigneur, j'en serai trop heureuse.

LE MAHARAJA

Vous êtes bonne. Un instant seulement. Il se peut
que j'aie moins d'occasions de vous voir encore que
je n'y avais compté dans l'avenir immédiat. Et je ne
pourrais pas...

> (La duchesse sort de la chambre à nouveau. Il
> s'interrompt en voyant que la duchesse fait mine
> de s'approcher.)

LA DUCHESSE

Mille excuses, Monseigneur. Je vais remettre les Durbec chez eux. Elle est très bien, maintenant. (*A Coryse.*) Je l'expédierai directement de ta chambre.

CORYSE

Mais il faut que je la voie.

> (Elle fait mine d'aller vers la porte de la chambre, mais elle s'arrête en voyant que le Swami se lève, parle au Maharaja qui traduit à la marquise.)

LE MAHARAJA

Le Swami se retire. Il me charge de vous remercier et de vous dire combien il est certain que la jeune femme ne souffrira aucun mal de tout ceci. Il est au regret comme moi.

CORYSE

Mais non, elle l'avait demandé, nous le voulions tous.

LE MAHARAJA

Il désire que vous ne tardiez pas à cause de lui à vous rendre près d'elle et vous fait ses adieux.

CORYSE

Adieu, au revoir. Merci encore d'une grâce insigne.

> (Le Swami se retire, escorté par la suite du Maharaja et par celui-ci. On leur fait place. Coryse entre dans la chambre.)

> (Le mouvement de départ se prononce parmi les
> invités. Par la porte vitrée, qui reste maintenant
> ouverte, arrivent les appels des maîtres d'hôtel dans
> l'intervalle des répliques.)

Les gens de Mme la comtesse Palluel.

Les gens de Son Excellence l'ambassadeur de
Hollande.

Les gens de Mme la princesse Santa-Maura.

Les gens du comte de la Haie-Malmont.

> (Celui-ci vient de s'incliner devant le passage du
> Swami et joint ensuite la duchesse sur le devant
> de la scène.)

LA HAIE-MALMONT

Ma chère amie, vous me demanderiez mon avis sur
tout cela que je vous répondrais : ça sent le fagot !

LA DUCHESSE, saisie.

Oh ! Tugdual, vous croyez ? Moi qui pensais justement à reprendre le sujet de mes pauvres petites. Cet
Antoine est un monstre. Savez-vous ce qu'il a inventé ?

LA HAIE-MALMONT

Je crois que c'est parfaitement vrai. Il me faudra
consulter l'abbé Grassin.

> (Le Maharaja est resté un peu en arrière avec
> Antoine, tandis qu'on a défilé devant lui, avec révé-
> rences de cour. Il se rapproche de la Haie-Malmont
> et de la duchesse au moment où apparaît Coryse,

sortant de sa chambre, qui dit à la duchesse venue au-devant d'elle.)

CORYSE

Ils descendent l'escalier.

LA DUCHESSE

Monseigneur ! (*Saluts.*)

LE MAHARAJA

Madame la duchesse !

LA DUCHESSE

Bonsoir, ma petite Coryse, je file. Bonsoir, Antoine ; bonsoir, Tugdual.

LA HAIE-MALMONT

Je vous mets en voiture.

ANTOINE

Il est trois heures, sapristi. Je file aussi. On ne se fait pas de cheveux chez toi, tu me réinviteras.

LA HAIE-MALMONT, prend congé du Maharaja
avec une nuance de réserve. Antoine aussi.
Co mme ils sortent derrière la duchesse.

Je parlerai, certes, à l'abbé Grassin ? Positivement, j'ai vu l'enfer ouvert, mon cher monsieur de Pont-chevron, comme je vois cette porte.

ANTOINE, en s'effaçant pour le laisser passer.

Donnez-vous donc la peine... (*Ils sortent.*)

SCÈNE XIV

LE MAHARAJA, CORYSE

LE MAHARAJA

Vous n'êtes pas trop brisée par toutes ces émotions ?
J'en serais affligé, je suis un peu responsable.

CORYSE

Non, non, j'aime à me mouvoir dans l'extraordinaire. (*Souriant.*) La catastrophe, voilà mon élément.
En Europe, on ne dépasse pas le fait divers, hélas !
Mais ce soir, je suis très bien. Je me sens égale à tou t,
je me sens un droit sur tout, sur la vie comme sur
le sort. Quelle insolence ! n'est-ce pas ?

LE MAHARAJA

Non, non, cela est juste. Il vous faut le plus pur et
le plus violent des choses de la terre. Quels royaumes ne mettrait-on pas sous vos pieds ! Venez les voir.
Nous les compterons ensemble.

CORYSE

Je viendrai.

LE MAHARAJA

Merci, merci. Du haut de l'acropole de Chittore,
le mont sacré où fleurissent, comme des jasmins de
marbre, les temples des dieux nos pères, je vous montrerai nos vallées insoumises et les plaines vassales
où s'enfoncent les éperons d'or de nos rochers cou-

ronnés de tours. De là, vous compterez nos domaines, jusqu'au Gange, jusqu'au Deccan, jusqu'aux deux mers. Et Chittore sous nos pieds, sur son roc comme un vaisseau de pierre, nous entendra et frémira de nous porter ! (*Geste mystérieux.*)

CORYSE

Chittore la délaissée.

LE MAHARAJA

La veuve.

CORYSE

Je voudrais baiser ses blessures.

LE MAHARAJA

Vous les guérirez. Elle vit.

CORYSE

Il me semble que son âme m'habite, que je me défends en vain contre un sortilège puissant. Quelque chose voudrait me voler à moi-même, moi, Corysande de Nans, dite Coryse, habitant avenue Montaigne et qui va demain, avec l'auto de monsieur Drake, déjeuner à Saint-Cloud, pas plus loin...

LE MAHARAJA

Oh ! ne parlez pas sur ce ton. Ne jetez pas ce cri fatigué de la raillerie française vers cette aube qui monte. Regardez. (*Il montre le ciel pâlissant.*) C'est l'heure trouble et merveilleuse. (*Il se tourne vers la fenêtre.*) Le soleil va venir. Laissez-le ranimer les tics séniles de l'ironie et de la pleutrerie de ce monde tellement plus petit que vous. Mais, vous, saluez-le d'un beau geste, vous qui avez à lui offrir tant de pure et fière beauté.

CORYSE

Pardon, pardon. C'était seulement parce que je me sentais emportée par un torrent d'émotions nouvelles que je me rattachais, instinctivement, aux rameaux pourris des seules rives que je connaisse. J'en ai honte. Pardon...

LE MAHARAJA

Pardon moi-même, d'avoir osé parler de la sorte. Alors vous viendrez ?

CORYSE

Oui.

LE MAHARAJA

Vous viendrez ! vous viendrez ! je vais avoir cet espoir-là à mêler à mes rêves, à mettre au faîte de mes ambitions, comme une fleur sur un arc de triomphe ! Vous verrez ! Pour vous, qui aimez la gloire, je remuerai la cendre des siècles et j'en ressusciterai l'épopée.

Je vous rejouerai le drame dont les héros, du fond de mes moelles, s'insurgent et poussent vers vous les cris d'amour et de bataille au son desquels ils sont morts. Vous ne pouvez savoir quels spectacles je vous prépare. Je dépasserai vos chimères. Ah ! songer à certaines minutes, à ce que leur apporterait de beauté, de force et d'enivrement le consentement, la sympathie peut-être de votre présence.

CORYSE

Monseigneur !

LE MAHARAJA

Cette nuit-là, cette nuit qui finit, cette nuit extraordinaire, — oui, oui, vous ne pouvez savoir, — où tant de dieux m'ont visité et que je n'oublierai plus, c'est vous qui l'avez faite telle et je ne veux pas ajouter des paroles banales à celles que je viens de dire. Adieu, adieu, c'est l'heure mystérieuse de la première aube, l'heure où les destins s'emparent des songes vains des hommes et font frémir les dormeurs dans leur sommeil inquiet. J'ai fait un rêve aussi, je vous convie, le sort et vous, qui vous ressemblez, beaux et terribles tous deux, au palais de ce rêve. Vous viendrez ?

CORYSE

Je viendrai.

LE MAHARAJA

Même si ce palais est la hutte !

CORYSE

Même si..., que voulez-vous dire ?

LE MAHARAJA

Rien, rien. Je revis des légendes. Je songeais à Pertab Singh. Mes morts sont si près de mon cœur...

CORYSE

Vos morts?

LE MAHARAJA

Je n'ai qu'eux. Je suis très seul, très faible, voyez-vous, entre mes morts trop grands et mes espoirs trop vastes. Certes, il n'y a qu'un sublime amour qui puisse me conduire de ce passé à l'avenir. A moins d'un tel amour, force, courage, orgueil, salaire! je ne veux pas! je ne peux pas vivre. (*Il se penche sur les mains de Coryse, qu'elle lui abandonne.*) Je vous aime !

RIDEAU

ACTE II

Un espace découvert parmi les ruines d'une cité hindoue abandonnée. Le sol est jonché de débris : colonnes, statues, etc. A droite, premier plan, sur un piédestal, un dôme sur quatre colonnettes, dans le style gracieux des sanctuaires rajpoutes. Puis, remontant obliquement et fermant la moitié de l'horizon, des arcades inachevées, comme un vaste cloître, sur un socle de maçonnerie au centre duquel se détache, sur le ciel, la silhouette d'une pierre funéraire. Les arcades et la pierre se découpent sur un horizon vide que rougira le crépuscule à la fin de l'acte.

Une jungle luxuriante occupe le fond de la scène. Au delà se dresse la Tour-de-Victoire du Raja-Koombho sur un fond de montagnes bleuâtres. A gauche, un grand « pipal[1] » étend ses branches du fond de la scène jusqu'au premier plan, par-dessus le portique à colonnes qui l'occupe. Les racines ont soulevé le sol, bousculant les colonnes les plus proches, soulevant un lingam et un taureau Nandon en grès sculpté qui se trouvent à son pied et qui penchent à des angles variés. Un arc est pendu à une branche basse. A travers les colonnes du portique à gauche, on aperçoit le chevet d'une sépulture musulmane dont une belle étoffe verte traînante couvre à demi la pierre. Les dalles au-devant sont jonchées de roses de Bengale. Un figuier sauvage a pris racine sur l'auvent du portique. Partout d'ailleurs, des végétations envahissantes noient l'œuvre de l'homme à l'abandon.

1. *Ficus religiosa.*

Au lever du rideau, Singhi est occupée à déployer un tapis de petite dimension devant le tombeau de gauche. Puis elle se prosterne un instant. A ce moment, entre le Maharaja, absorbé dans ses pensées, sans la voir d'abord. Il vient à travers les ruines. Elle se relève, rajuste son voile, les anneaux multiples de ses poignets, lorsque, entendant du bruit, elle se retourne et aperçoit le Maharaja. Geste de surprise. Elle fait le simulacre de cacher son visage, puis, laissant retomber ses mains, attend les yeux baissés, mais demi-souriante.

SCÈNE PREMIÈRE

LE MAHARAJA, SINGHI

LE MAHARAJA

Je crains de troubler une personne pieuse. Mais le char, qui attendait, attelé d'un bœuf à cornes bleues, contre la Tour-de-Victoire (*Il le désigne du doigt.*) n'a-t-il point amené à Chittore la Sainte tant de beauté pour l'honneur et, certes, le plaisir des dieux ?

SINGHI

Sans oublier les hommes, ô toi de la voix persuasive, quoiqu'ils soient ingrats. Quant à la beauté qu'apporta le char dont tu parles, je suis celle-là.

LE MAHARAJA

Une personne d'âge veillait, n'est-ce pas, sur le trésor ?

SINGHI

La mère du trésor. Elle est restée dans le char. (*Le fixant.*) Est-il arrivé quelque chose ?

LE MAHARAJA

Rien. Mais le conducteur s'est éloigné...

SINGHI

Le fils de chouette !

LE MAHARAJA

Le bœuf a pris peur de je ne sais quoi et je suis arrivé juste à temps pour empêcher l'équipage et son contenu de verser dans un précipice.

SINGHI

Quelle horreur ! J'y cours. Elle doit être folle de peur.

LE MAHARAJA

Elle dormait. Elle n'a rien vu. J'ai parlé terriblement au conducteur... Ils sont à présent en sûreté, tout près du reste, dans la cour du temple de Mahadeo.

SINGHI

Merci, merci. Sans doute le Ganmukh est une tombe inestimable, si sainte, n'est-ce pas ? — on en renaîtrait étoile au moins. Mais je suis sûre que la chère femme n'est pas pressée, pas plus que moi, de la perdre. Mais comment te nommer, Seigneur, qui conserves leurs mères aux personnes en voyage. Je suis moi, Singhi, d'Agra, et je danse.

LE MAHARAJA

Viens-tu de si loin ? Je comprends que l'auteur de tant de charmes dormît profondément. Ah ! la fleur dans le vent, l'abeille sur la fleur doivent avoir honte, quand tu danses.

SINGHI

C'est vrai. La tulipe m'a vue un jour et depuis elle est tachée! Mais la bienséance me défend de converser avec un inconnu..., surtout qui te ressemble.

LE MAHARAJA

Je suis au service des chasses de Ghazelpore.

SINGHI, tremblante.

Ah !

LE MAHARAJA

Qu'as-tu?... Ce nom t'épouvante?

SINGHI

Tu touches au porc impur que les rajpoutes poursuivent à la lance?

LE MAHARAJA

Jamais, je te jure. Je suis fauconnier. C'est moi qui couds d'un fil d'or les yeux des milans et des tiercelets. Serais-tu dévote, sœur du jasmin et de la brise?

SINGHI

Tu vas blasphémer, prends garde, bouche péril-
leuse. Et tu m'as fait assez peur déjà. Alors, c'est
vrai, tu ne cours jamais la bête maudite, là-bas, à
Ghazelpore? J'y vais, tu sais.

LE MAHARAJA

Pour les fêtes ?

SINGHI

Oui. Je danse. Tu me verras. Ce sera très beau.
Les fêtes, veux-je dire...

LE MAHARAJA

Les fêtes ne seraient rien si tu n'y venais pas.

SINGHI

Ecoutez-le ! Je me fâcherai tout à l'heure, si tu
continues à te moquer !... Sois sérieux, parle-moi des
fêtes. Toutes les danseuses d'Agra en bavardent à ne
pas entendre le canon de leur Ramadan. On n'aura
jamais vu rien d'aussi beau, n'est-ce pas?...

LE MAHARAJA

C'est que le Gouverneur général ne vient pas tous
les jours.

SINGHI

Ah! c'est pour le Burra-Sahib ?... Et j'ai oublié mes
turquoises !

LE MAHARAJA, consterné.

Ah! Quelle ombre sur ces réjouissances!...

SINGHI

Bah! j'ai bien fait. Elles seraient mortes... L'œil d'un fou tue les pierres fines. Tes faucons ne te l'ont pas dit?

LE MAHARAJA

Le Burra-Sahib n'est pas fou.

SINGHI

Mais le Maharaja l'est.

LE MAHARAJA

Crois-tu?...

SINGHI

Fou, fou! On n'a jamais vu un roi aussi fou. Et à cause d'une femme blanche.

LE MAHARAJA

Que dis-tu?

SINGHI

Si, si. Fais donc l'ignorant. C'est pour elle les fêtes; elle a passé l'Eau Noire pour venir ici, il l'attend... Le Burra-Sahib n'est qu'un prétexte. Tes faucons ne savent rien, décidément. Apprends-leur à parler, menteuse moustache de jungle!

... Mais je ne suis pas méchante et c'est triste de voir ensorcelé un jeune prince dont on dit du bien.

Je peux te l'avouer..., si je suis passée par Chittore,
sur la route de Ghazelpore, c'était un peu pour prier
à l'intention de cet égaré dont les filles de Delhi se
souviennent comme les Gôpis du divin joueur de flûte
bleu. Il les goûta fort il n'y a pas longtemps, mais
j'étais trop jeune pour m'en souvenir. Oui, c'est un
peu pour lui que je venais danser devant la tombe du
vieux Tazam-ud-din, le poëte des amours fidèles, le
perroquet d'Hindoustan. (*Elle fait salaam vers la
tombe.*) Que sa pierre soit toujours parfumée ! Ainsi
veut-il être prié. Chacune offre ce qu'elle peut.

LE MAHARAJA

Mon maître est bienheureux, certes ; et je le lui
dirai sans tarder.

SINGHI, vivement.

Non, ne fais pas cela, homme affreux, ne fais pas
cela, pas toi ! Il n'y a pas de hâte après tout, et les
charmes d'Europe ne se brisent pas si facilement ni
si vite. J'ai changé d'avis... Je danserai pour autre
chose.

LE MAHARAJA

O la plus femme des femmes ! Je ne savais pas
qu'on pût trahir avant d'avoir aimé. Pauvre roi !
Voilà bien sa fortune.

SINGHI

Plains-le donc ! Sais-tu, l'homme aux faucons, que

tu mêles l'insolence du geai à la vanité du paon ! Je suis fâchée. Il ne me plaît pas que le Maharaja Sahib connaisse mon intérêt, — oh ! de pure convenance — pour sa personne, voilà tout. Alors, je feins, je fais semblant de m'intéresser au premier oiseleur venu. C'est très simple. Comme tu te prends bien au pipeau, bel oiseau !

LE MAHARAJA

Fille de l'oncle, si tu te moques de moi, je préviendrai mon maître. Il saura que tu l'adores en secret et se réjouira dans son cœur, quoique ce cœur soit plein d'une autre.

SINGHI

Alors, tais-toi, ne lui dis rien. Pour qui me prendrait-il ? Tu te tairas, mon œil ? En somme, je ne peux oublier que tu as sauvé ma mère. C'est ce qu'il est convenu d'appeler un service, cela. Je n'ai qu'elle, parce que mon mari...

LE MAHARAJA

Ton mari ?

SINGHI

Mais, oui, mon mari. Pour qui me prend-il ? (*Elle tire un petit poignard de son sein.*) On nous marie toutes là-bas, au temple de Bellary, et de bonne heure, comme il est décent. Tiens, mon mari, le voici. (*Elle montre le poignard.*)

LE MAHARAJA

Ah ! Ah ! Charmant !

SINGHI

Ce n'est pas un vilain mari. Ma mère me destinait à un arbre... Mon père était un arbre, tu comprends, ça l'influençait. Elle jurait n'avoir jamais eu à s'en plaindre, et qu'un couteau pour gendre, ça n'était pas comme il faut. J'ai tenu bon.

LE MAHARAJA

Singhi, cela veut dire la lionne... Tu sais aimer, ô lionne !...

SINGHI

Essaye !

LE MAHARAJA

Petite fleur ! si tu savais !

SINGHI

Je sais que tu me plais. Qu'y a-t-il ? es-tu donc ensorcelé comme ton maître ? Quel pays que ce Ghazelpore !... Vois-tu, tu devrais m'aimer. Je serai toute seule à Ghazelpore et il n'y a pas à tirer ma mère de son opium. Mabap, sois mon père et ma mère pendant ces jours, veux-tu ? L'idée d'arriver là, seule, de danser devant cette Memsahib du Franghistan me fait si peu envie que j'ai peur de repartir pour Delhi, où l'on m'attend.

LE MAHARAJA, la menaçant du doigt.

Et qui ?

SINGHI, simple.

Des hommes que je réjouirai. Des blancs aussi.

LE MAHARAJA

Ah !

SINGHI, à part.

Jaloux ! Il est jaloux ! Enfin !

LE MAHARAJA

Prends cette bague, et en arrivant à Ghazelpore, montre-la aux portes. On te conduira au palais.

SINGHI

Près de la fauconnerie ?...

LE MAHARAJA

Près de la fauconnerie. Singhi, quand tu verras le maître, tu oublieras le serviteur ?...

SINGHI

Les maîtres ont tort quand les serviteurs te ressemblent.

LE MAHARAJA

Singhi, tous deux sont fous, sont fous, sont fous !... Mais qui vient là ?... Serait-ce enfin ?... Mais non, c'est une automobile. Elle va passer juste en bas du rempart à l'endroit où est le char.

SINGHI

Oh ! le bœuf en a une peur !... C'en est fait, cette fois. J'y vais.

(Pendant que le Maharaja s'avance à droite pour regarder, elle part en courant par la gauche, en laissant tomber le poignard. Entre un coureur (BHIL), à peu près nu, une pierre entre les dents ; il se prosterne aux pieds du prince.)

SCÈNE II

LE MAHARAJA, LE COUREUR

LE COUREUR

Maharaja-Sahib !

LE MAHARAJA, au coureur

Qu'est-ce ? Où est le cortège ? Parle donc !

LE COUREUR

La Sahiba est montée sur l'éléphant au sortir des voitures à feu. Elle sera en moins d'une heure devant la Présence.

LE MAHARAJA

Alors, cette automobile...

LE COUREUR

Est venue par l'autre route. Trois Sahibs sont dedans.

LE MAHARAJA

Sans doute des touristes. Je n'en avais pas besoin.
Dans une heure, dis-tu ? Je pars au-devant.

LE COUREUR

La Sahiba désire que la Présence l'attende au seuil
de Chittore, non plus loin. Ainsi dit-elle !

LE MAHARAJA

Mais j'entends les chevaux de l'escorte.

LE COUREUR

Que la Présence me pardonne, c'est le Maharaja
de Dilwarra qui accompagne un étranger, un babou.

LE MAHARAJA

Un étranger, ici ?...

LE COUREUR

Ils approchent.

LE MAHARAJA

C'est bien. Va dire aux cavaliers qui sont près de
la première porte : ceux des Makkaras de guerre et des
Guitares d'acier, d'annoncer, comme je l'ai prescrit, le
cortège de la Sahiba de France. (*L'homme se prosterne de nouveau, puis sort. Le Maharaja aperçoit à ce
moment le poignard qu'a laissé tomber Singhi. Il le
ramasse.*) Tiens, le mari de Singhi. (*Il le met en souriant dans sa poitrine.*) Pauvre petite ! Son histoire
amusera Coryse. Corysande ! Dire qu'elle vient ici !

Enfin ! (*Voyant entrer le Swami, Dilwarra, vieillard martial vêtu à l'ancienne mode, le Rajpoute et Gopi Nath.*) Mais ceux-ci, que veulent-ils ?... (*S'avançant au-devant d'eux.*) Maharaja-Sahib, Ram-Ram, soyez le bienvenu dans Chittore, mes deux pères. (*Il les salue affectueusement.*)

SCÈNE III

LE MAHARAJA, LE SWAMI, DILWARRA, GOPI NATH

DILWARRA

Salut, jeune lion de Ghazelpore, fils très cher et maître !... Je t'amène, sur sa prière, ici, Gopi Nath que voici et que tu connais...

LE MAHARAJA

Certes... Comment êtes-vous ici, Gopi Nath ? Mes frontières vous garderont-elles quelque temps ? Il y a quinze jours que je vous attendais.

GOPI NATH

Salut, Maharaja-Sahib, que ton nom prospère ! Une mission du gouvernement, mission de haute confiance ! (*Il sourit.*) m'a obligé à un long détour. J'apporte de la part du Congrès National des nouvelles considérables, et d'autres encore de ma part à moi.

LE MAHARAJA

Vous servez bien des maîtres. (*Au Swami.*) Et vous,
Père ?

LE SWAMI

Dilwarra est sorti de l'ombre l'autre nuit dans la
lumière de mon feu, mettant mes daims et mes singes
en fuite. Il m'a dit de le suivre, qu'il s'agissait de
toi. Je suis venu.

LE MAHARAJA

Merci ! Mais qu'y a-t-il ? Parlez. Je parlerai ensuite.
J'ai, moi aussi, d'importants messages pour le Congrès,
s'il est disposé à m'écouter. Les événements dans
ces deux semaines se sont précipités. Vous arrivez à
point. Que dit le Comité Secret de Bénarès ? Je sais
que vous en êtes l'âme, et que ces quatre hommes
tiennent l'opinion de tout ce qui pense et vaut dans
le pays.

GOPI NATH

Les quatre sont à vous...

DILWARRA, avec joie.

Ah! Le triomphe assuré !...

GOPI NATH

Du moins, il ne tient qu'à moi de les rallier à votre
cause. Ils m'ont envoyé voir, étudier, décider. Vous
savez que votre nom est dans leurs bouches comme

dans toutes celles d'Hindoustan depuis l'événement des dernières pluies.

DILWARRA

Le miracle du Mont Abou. Nos dieux vivent.

GOPI NATH

La foudre descendue sur la montagne sacrée et marquant le bouclier et le glaive de Ghazelpore parmi tous ceux du Rajastan a tracé en lettres de feu votre nom sur toute la surface de l'Inde. Le prodige est neuf encore dans l'imagination du peuple. Le Congrès National que les Anglais tolèrent avec le mauvais gré que vous savez sait bien qu'un Parlement Indien est une chimère, qu'il faut au pays, rendu à lui-même, un maître, un prestige, un homme. Il sait vos efforts, vos négociations en Europe, à Wiesbaden. Il veut connaître l'état de vos projets. Oserai-je interroger ?

LE MAHARAJA

Je n'ai point fait mystère de mon plan de campagne aux quatre lorsque je les ai vus lors des fêtes dernières. Une fois assuré de l'action immédiate de ceux du Nord, ai-je dit, la besogne est presque faite. La première démonstration de leur part sur Hérat oblige l'Angleterre à mobiliser sur la frontière du Nord, et c'est financièrement, pour elle, un premier désastre... En même temps, nous nous levons pen-

dant que l'Afghan complice ouvre l'écluse de ses défilés à l'avalanche des hommes du Nord... A Peshawar,
la porte de l'Inde, quoique les geôliers l'aient faite
solide, que feront-ils entre l'ours qui veut entrer et le
tigre qui veut ouvrir ?...

DILWARRA

Belle bataille !... Mon vieux sabre s'ennuie à ne
couper que des têtes de buffles, les jours de fête de
Kali.

GOPI NATH

Je vous croyais pourtant nombre d'amis parmi les
blancs, Maharaja ?

DILWARRA

Ce n'est pas eux, les blancs, que je hais, mais leur
paix, qu'ils sont si fiers de nous avoir donnée... Ils
ont fait monter aussi le revenu de mon royaume !
Que me faut-il de plus ? De la paresse et de l'argent,
cela paie donc tout ? Me prennent-ils pour un mar-
chand, un banya comme eux ?

LE MAHARAJA, à Dilwarra.

Laisse-moi parler, père. (*A Gopi Nath.*) J'ai dit tout
cela aux quatre. Mais j'en sais plus aujourd'hui. Chif-
frez une dépêche, Gopi Nath, sans tarder, à leur
adresse. Qu'ils soient prêts comme nous le sommes.
J'attends le signal d'un moment à l'autre. Il faut
qu'ils reprennent tout de suite le cri que je vais pous-

ser... Je vous donnerai pleins détails cette nuit à Ghazelpore, au Palais, après le couvre-feu. Vous verrez, vous toucherez les engagements, les pactes, la preuve que nous ne ferons pas, en appelant les Slaves, que changer d'exploiteurs... Vous verrez mon plan de campagne, je vous ferai compter les étapes de notre marche sur Delhi, vous vérifierez les points de concentration des troupes, vous entendrez crier les roues des convois, claquer les étendards, sonner les affûts et les éperons, chanter le rythme enthousiaste et précis, la grande voix irrésistible, la Guerre !

LE SWAMI

Hélas ! Impiété ! folie ! O fils, qu'a-t-on fait de toi ?...

LE MAHARAJA

C'est de l'avenir du monde qu'il s'agit !

LE SWAMI

Le monde est une poussière dans les vents du chaos. L'impur et sanglant désir t'enveloppe et te tient, comme la matrice le fruit du baiser de l'homme. Je n'entendrai pas davantage. Laissez-moi un instant marcher dans les ruines, tout seul.

(Il s'éloigne.)

7

SCÈNE IV

LES MÊMES, moins le SWAMI

GOPI NATH, après des signes d'impatience au Maharaja.

Soit, ce soir donc, je viendrai, Sahib. Mais j'ai autre chose à dire, encore.

LE MAHARAJA

Parlez !

GOPI NATH

Le trésor d'Achilgar.

DILWARRA

Que dit-il ?

GOPI NATH

Je sais tout. Même le voleur muré. Vilaine histoire, si quelque gazette s'en emparait...

LE MAHARAJA

Continuez.

GOPI NATH

Il y a là des crores [1] de roupies, qui viennent de la Bégum Damroo.

DILWARRA

Eh bien ?

GOPI NATH

Une de ses filles était mon arrière-grand'mère.

1. Millions.

LE MAHARAJA

Compliments !

GOPI NATH

Oui, je sais la légende. La Bégum, ancienne danseuse, achetée pour deux turquoises au bazar de Djamon, au pied des montagnes, avant qu'elle épousât ce Dambrot, un aventurier de France (le nom est devenu Damroo chez nous), ex-aide cuisinier à bord de la corvette *La Zélée*. Vous voyez, je n'omets rien, rien, pas même qu'à ce condottière et à ses soldats, votre dynastie, Maharaja-Sahib, doit le trône de Ghazelpore !

DILWARRA

Insolence ! Oses-tu, fils de...

LE MAHARAJA

Paix ! Il dit vrai.

GOPI NATH

Or, je le tiens de ma mère, qui le tenait de la sienne : la plus belle part de mon patrimoine a grossi les richesses des cryptes d'Achilgar. C'était une nuit qu'on avait lié la Bégum sur un canon (les soldats dont elle avait pris la tête après la mort de Damroo la traitaient mal, quand leur paye se faisait attendre) ; ma bisaïeule lui apportait à boire à la dérobée et la vieille générale parla, confia le secret du trésor, la cachette où ses mercenaires ne le trouveraient pas, dussent-ils...

LE MAHARAJA

Que vous faut-il d'argent ?

GOPI NATH

Mes voyages, toutes sortes de raisons urgentes, le service de notre cause, qui est votre cause...

LE MAHARAJA

Un chiffre !...

GOPI NATH

Trois lakhs [1].

LE MAHARAJA

Le reste du Congrès sera-t-il aussi exigeant ?

DILWARRA

Pouah ! Ces scribes n'ont jamais su que remplir leurs poches.

GOPI NATH

Ces soldats ne sont bons qu'à combler un fossé.

LE MAHARAJA

On compte *sur* les uns et *avec* les autres, voilà tout. L'Orient est l'Orient. Il faut accepter le fait, puis le plier quand on peut. Vous êtes à la fois moderne et traditionnel, Gopi Nath.

1. Un lakh : 100.000 roupies. La roupie vaut 2 fr. 50.

GOPI NATH

Trois lakhs, entendez-vous? et des égards!... Vous oubliez vite combien vous avez besoin de moi. Oui, mes lettres, je sais, vous croyez me tenir par là.

LE MAHARAJA

Elles vous mettraient un peu mal en cour, Gopi Nath, je le crains, auprès du Vice-Roi. Mais je n'use pas de ces armes.

GOPI NATH, haineux.

Continuez, écrasez-moi de vos nobles sentiments, de votre vertu supérieure, du mépris que sue chaque parole de votre bouche.

DILWARRA

Veux-tu parler avec respect, fils de tailleur !...

(Le Maharaja le calme.)

GOPI NATH

De cuisinier, pardon. (*Lentement avec défi.*) Et votre roi ? Fils de qui ?... Le sais-tu ?...

LE MAHARAJA

Qu'as-tu dit ?...

(Il s'avance menaçant. Dilwarra, atterré, le retient.)

DILWARRA

Le misérable est fou de jalousie et de haine... Il ne sait pas ce qu'est un Rajpoute... Laissez-le.

LE MAHARAJA

C'est toi qui me retiens, à présent ? Qu'est-ce donc ? (*A Gopi Nath.*) Parle, toi, parle, triste fils de l'Inde moderne et de l'esprit d'Occident. J'ai voulu la connaître cette Inde dont tu sors, l'aimer, je me suis penché sur elle. Je n'ai vu que méfiance, regards de haine, d'envie, bas appétits. Les bouts des chaînes qu'elle a brisées sonnent encore à ses talons, en marche vers l'avenir, le dérisoire rappel de l'esclavage. Liberté, sainte flamme, pourquoi les cœurs où tu brûles ne sont-ils point purifiés ? Esclave, c'est un tyran qui te dit cela.

GOPI NATH

Et c'est l'Inde qui te répondra. Tu veux l'entendre ? Soit. Je veux bien parler pour elle, mais ce n'est pas à la vieille Inde que je parlerai, car celle-là... je la cherche ici et ne la trouve point.

LE MAHARAJA

Je ne comprends pas.

DILWARRA, terrible.

Arrête, homme !

GOPI NATH, montrant Dilwarra.

Il comprend, lui.

LE MAHARAJA

Rentre ce sabre, Dilwarra. Parlez, Gopi Nath, en toute liberté. Il faut écouter le présent aussi.

GOPI NATH

Esclave et bâtarde, ainsi tu la nommes, cette jeune Inde dont ton ambition a besoin et qui se hait d'avoir, hélas ! elle aussi, besoin de ton ambition ? Ma naissance à moi, tu la railles dans l'orgueil de ta lignée royale, de ton sang que tu crois le plus pur de l'Hindoustan et auquel tu dois le prestige éclatant qui t'a fait naître chef de ses chefs et a sacré de l'enthousiasme unanime le geste dont tu as pris en main nos revendications. Ecoute donc, ô roi, et ne t'irrite point. Il est nécessaire que tu saches. Tu as pu m'humilier, mais je ne suis pas ton ennemi. Le hasard m'a rendu maître d'un secret dont de moins scrupuleux ou de moins dévoués pourraient faire un funeste usage. Tu dois être averti, pour toi, pour ta dignité et nos espérances. (*A Dilwarra.*) Maharaja de Dilwarra, je vous ai prié de venir, parce que votre parole, que nul ne mit jamais en doute, est la seule garantie que je veuille, que je puisse donner de mon récit. Vous seul, comme premier baron de Malua (et pour une autre raison peut-être), vous, le vice-roi et le gouverneur général du Rajpoutana, savez ce que je sais. Est-il vrai qu'en 1857, l'année de l'insurrection, des réfugiés anglais, parmi lesquels un jeune officier blessé, reçurent l'hospitalité de votre aïeul, dans une île du lac de Ghazelpore ?

LE MAHARAJA

Le fait est historique.

GOPI NATH

Les temps étaient tragiques et troublés. Le sang ruisselait. Les vieilles rigueurs des coutumes se relâchaient. La Rani, votre aïeule, au cours d'un séjour dans le palais d'été que porte l'île voisine, connut le jeune Anglais !

LE MAHARAJA

Dieux !...

(Son regard interroge Dilwarra.)

GOPI NATH

Un esclave, qu'on jeta tout de suite aux crocodiles, les dénonça un soir. Le vieux maharaja ne les tua pas. Elle était belle. Il mourut six mois plus tard... Il l'aurait tuée, s'il avait su.

LE MAHARAJA

Quoi ?...

GOPI NATH

Elle était grosse.

LE MAHARAJA

Ah !... de...

GOPI NATH

De ton père, oui !

(Dilwarra laisse tomber sa tête sur son sein.)

LE MAHARAJA

Je suis calme, vous voyez, comme s'il s'agissait d'un autre... N'est-ce point un autre ? Que devint l'officier, le complice, mon... ?

GOPI NATH

Les Anglais surent. Le Maharaja obtin' du résident de lui laisser sa vengeance sur l'homme. Le bras des blancs était faible en ce temps, et l'offense inexpiable à cause de l'hospitalité trahie. L'officier, passé au compte des disparus, fut enfermé au fort de Balinganj, sur les confins du désert rajpoute. Il y est mort fou après peu d'années, sans que ses gardiens eussent jamais su son nom. A Ghazelpore, la naissance de l'enfant posthume fut accueillie avec une grande joie par les chefs et le gouvernement de l'Inde. Les Anglais avaient intérêt à ne pas ébruiter l'acte d'un des leurs, offense exorbitante au point de vue rajpoute, et qui aurait pu entraîner la désaffection de leurs derniers soutiens, leur catastrophe finale. De plus, la succession serait allée à Guj Sing, qu'ils redoutaient. Nul ne savait d'ailleurs. Ton père lui-même ignora toujours. Il y a un dossier de secrets d'Etat que chaque vice-roi passe à son successeur, où cette histoire est relatée. Les fonctionnaires subalternes ne la connaissent pas. Si des rumeurs ont pu courir, encouragées par vos hôtes étrangers, elles manqueront toujours de preuves.

DILWARRA

Mais toi, d'où sais-tu donc ?

GOPI NATH

Il ne me plaît pas de le dire. Pas plus que le vice-roi d'ailleurs, je ne pourrais produire de preuves, au cas où le témoignage du maharaja de Dilwarra me ferait défaut. On a été jusqu'au crime pour effacer toute trace d'un tel souvenir. Je suis donc sans armes, et c'est la meilleure preuve que je ne parle pas en ennemi, que je ne marchande pas mon dévouement à notre cause. C'est elle qui souffrirait irréparablement d'une indiscrétion de ma part. Non, nous avons besoin les uns des autres. Mais c'est mon désintéressement suspecté qui a voulu répondre à vos ironies. C'est la jeune Inde, qui refuse de se laisser parler en vassale, mais veut traiter avec l'autre de puissance à puissance, d'intelligence à prestige. Il faudra l'une non moins que l'autre pour susciter l'énorme foule inerte dont nous sont nécessaires l'effort et la rébellion. Nous savions bien, n'est-ce pas ? qu'on n'a jamais mené les masses qu'avec des mensonges ! Adieu, prince, nous nous réunirons demain.

> (Exit. Le Swami, qui a entendu la fin de la scène, se rapproche. Dilwarra affecte de suivre des yeux l'homme qui s'éloigne. Le Maharaja, après un silence, aperçoit le Swami.)

SCÈNE V

LE MAHARAJA, DILWARRA, LE SWAMI

LE MAHARAJA

Tu as entendu, père?(*Signe du Swami.*) Où suis-je?
Où suis-je? N'être plus moi, voilà ce que j'éprouve.
Je vois cent rois indignés me repousser de leur trône
que j'usurpe... Moi... un aventurier!... Moi... un bâtard!... Moi!...

LE SWAMI

O fils, tu souffres. Mais qu'est-il, ce moi dont tu
parles, et de quelle paix ne déborderais-tu pas si tu
connaissais sa vanité.

LE MAHARAJA, à Dilwarra

Et toi, tu as su cela toutes ces années, et tu ne t'es
pas détourné de moi. Toi, si pointilleux sur l'honneur
rajpoute, tu as été le complice de ceci?

DILWARRA

Tu étais le fils de son fils, malgré tout, Sahib.
Elle m'avait envoyé le raki, et sur le petit cercle d'or
qui m'avait fait son captif, je lui avais juré que nul
ne saurait rien jamais, à moins qu'un danger suprême
ne menaçât un des siens!... Je lui jurai aussi d'être
fidèle à votre race comme nos pères à tes pères,
depuis qu'il y a des rois. Tu m'as rendu ce serment
facile, toi, après ton père disparu si jeune, parce que

tu étais toi et que j'en avais l'orgueil et l'amour... un peu du vieil amour.

LE MAHARAJA

Cher Dilwarra ! Tu l'aimais ? Quel cauchemar ! tout ceci ! Il me semblait m'avancer vers ma destinée par un escalier majestueux descendu du firmament des temps, du seuil même des maisons du soleil mon père ; sur chaque marche la statue d'un héros me souriait. Toutes les gloires d'Hindoustan auraient pu s'écrire rien qu'avec les noms gravés sur ces piédestaux, et derrière moi soudain, on a retiré le passé, l'histoire, l'épopée, comme l'échelle d'un voleur.

LE SWAMI

Enfant, enfant, qu'importe ? Tous les enfants sont nés du soleil aussi. Du fond de quelque passé que tu viennes, tu n'auras rêvé qu'une heure, dormi qu'un soir. Qu'importe tel sentier dans la forêt de l'Etre, puisque nul ne vient de nulle part et ne va nulle part, et puisque ici est comme là ?

LE MAHARAJA

Eh ! bien, non, je sais maintenant le secret de ma rébellion contre ton accablante sagesse. Ce secret, il est dans mon sang d'Occident, ce sang dont je ne rougirai pas.

DILWARRA, levant la tête.

Tu le peux, il compte aussi parmi les plus nobles.

LA MAHARAJA

Soit, l'échelle est retirée, la retraite est coupée — il me plaît ainsi. Toute cette fermentation d'énergie et de rêves qui me soulève et m'enivre, je la comprends maintenant. J'ai en moi des possibilités que j'explore, que je reconnais, que je salue, que j'étreins? Je rassemble en moi les forces de deux races. Elles se sont heurtées dans ce cœur, passionnément. Il veut être assez large pour les contenir, assez résistant pour ne pas éclater sous leur tourbillon. Je le cuirasserai d'un grand dessein. Je le tremperai d'un grand amour. J'accomplirai mon œuvre.

DILWARRA

Fils, maître, je suis avec toi, je te sers et je t'aime.

LE SWAMI

Ton passé est plus fort. Nul ne peut rien contre le Karma. Mais ton ardeur me trouble plus que je ne voudrais et je t'aime.

LE MAHARAJA

Soit, je ne parlerai pas. Je garderai le masque pour un temps, j'imposerai silence à ma haine de la ruse hypocrite, à mon besoin, à ma fierté de me proclamer moi-même: usurpateur, fils de bâtard. Oui! et chef et libérateur de la grande Asie asservie. Tu as raison, Dilwarra, j'ai besoin de nos chefs rajpoutes, absolument, pour les premières luttes. Ce

serait folie de bouleverser leurs âmes simples et
d'ébranler leur foi nécessaire. Plus tard, quand je
serai assez fort, je parlerai.

DILWARRA

Mais si le Gouvernement proclame la vérité ?

LE MAHARAJA

Ils n'ont pas de preuve, tu l'as dit, n'est-ce pas ? et
l'autre aussi.

DILWARRA

Non, en vérité, ils n'ont rien.

LE MAHARAJA

Leur parole sera jugée perfide, et la calomnie retom-
bera sur eux et leur domination. Je vous quitte à
présent. J'ai besoin, avant l'arrivée de qui j'attends,
de mettre un peu d'ordre dans mes pensées. Je bénis
le sort qui vous a conduits à mes côtés tous deux, en
ces heures de trouble et d'enthousiasme où l'univers
se recrée autour de moi, où je me recrée moi-même,
où je nais à ma Vérité. J'en suis encore ivre...

DILWARRA

Sois fort. C'est bien. Nous ferons de grandes choses.

LE MAHARAJA, à Dilwarra.

Quelle cruelle blessure j'ai rouverte !... Pardonne !...
(*Dilwarra le serre sur son cœur. Au Swami.*) Et toi,
père, me pardonnes-tu ? Me reconnais-tu ?

LE SWAMI

Oh ! mon bien-aimé !

LE MAHARAJA

Absous-moi donc du péché de vivre, d'espérer, d'aimer. Absous tous les morts inconnus, réveillés depuis une heure, qui crient du fond de moi-même leur passion de vie, d'espérance et d'amour.

DILWARRA, montrant les ruines.

Va ! les morts d'ici t'entendent, te reconnaissent et te revendiquent aussi. Ils ne veulent point que tu leur sois dérobé, mon maître...

LE MAHARAJA, au Swami.

Tu l'entends. Epargne-moi donc le crime de leur mentir, de les tuer une fois de plus, à jamais, en moi, de peur qu'en moi, les uns contre les autres, ils ne se lèvent...
(Il met ses mains sur sa poitrine haletante.)

LE SWAMI

Fils ! fils ! Je ne veux pas briser ton cœur. Mais rappelle-toi Arjuna sur son char de bataille, au début du vieux livre, pleurant sur ceux qui vont mourir ! Adieu !

DILWARRA

Adieu ! Que Chittore te garde !
(Ils sortent, un silence.)

LE MAHARAJA

Corysande!... Plus près et plus loin d'elle... Qu'elle arrive en cette heure !... Pour le salut ou le désespoir... Mais, ah ! qu'elle arrive !...

> (Il sort rapidement dans la direction qu'a prise le messager. Un instant après, voix à la cantonade, puis entrent Robert, Winston Graham et Singhi, qu'ils soutiennent.)

SCÈNE VI

ROBERT, WINSTON GRAHAM, SINGHI

ROBERT

Pauvre petite ! Elle a eu très peur. J'ai cru qu'elle ne reviendrait jamais à elle ! Nous avons peut-être eu tort de la transporter juqu'au dâkbungalow. Tout ce temps perdu et la chaleur !... La vieille cuve toujours son opium. On aurait pu envoyer chercher les sels. Enfin, la voilà revenue !... Ça va mieux ?...

WINSTON GRAHAM

Dans ce pays, la timidité est grande. Ce bœuf valsait comme une toupie... Laissez-moi la tenir.

ROBERT

Non, je peux très bien. Elle n'est pas lourde... Cela va mieux ?...

SINGHI, faiblement.

Il n'est pas là ?...

ROBERT

Qui ?... Ah ! oui, son ami, elle parlait de quelqu'un qu'elle attendait ici, je crois ?

WINSTON GRAHAM

Je ne vois personne. Ça ne fait rien, nous allons nous occuper de vous, et de la chère vieille dame. Nous allons tous à Ghazelpore, n'est-ce pas ?... Ce n'est plus très loin... Nous vous emmenons. Qu'est-ce que ça fait, puisque nous sommes de vieux amis, et que vous avez dansé pour nous à Delhi, il y a huit jours !...

SINGHI

Vraiment, il n'est pas là ? où peut-il être ?... Pourquoi n'a-t-il pas suivi? Que faire ?.. Il a dû être appelé par le Maharaja ; car le Maharaja est ici, j'ai vu ses chevaux.

WINSTON GRAHAM

Le Maharaja ici !... Allons le voir.

ROBERT

Croyez-vous ?... Je n'ose guère. On m'affirmait qu'il veut toujours être seul quand il vient voir les ruines !... C'est un vrai Louis de Bavière !...

SINGHI, secouant la tête.

Non, il ne verrait personne. Il attend la Sahiba blanche.

LES DEUX HOMMES

Qui cela ?...

SINGHI, les dévisageant.

Une femme du pays des Sahibs qui l'a rendu fou. Vous la connaissez peut-être !... (*A part.*) Mais où est-il ?

(Silence, puis.)

ROBERT, banalement.

On vient beaucoup aux Indes, cette année !...

WINSTON GRAHAM, de même.

Ça doit être l'exposition de Saint-Louis.

ROBERT, avec effort, regardant Singhi.

Est-elle assez jolie !...

WINSTON GRAHAM

Les cils surtout.

ROBERT

Ce retroussis est adorable. Singhi, je t'aime !

WINSTON GRAHAM

Il ment, Singhi !... C'est moi qui t'aime !

SINGHI

Eux aussi sont fous ! Est-ce à cause des femmes de leur pays que les Sahibs sont tous fous, et peinent, et voyagent sans cesse, et ne connaissent plus les dieux ?

ROBERT, rire faux.

Oh ! qu'elle est drôle ! On aimerait lui serrer le cou.

WINSTON GRAHAM

Très drôle ! Viens !

SINGHI, se reculant d'un bond derrière un des édicules
à colonnettes.

Cheveux de miel et bras de neige ! Grande sorcel-
lerie, n'est-ce pas ?

WINSTON GRAHAM

Petit elfe brun méchant, ne fuis pas sous les
branches.

ROBERT

Nous sommes de bons Blancs, raisonnables et
doux...

ANTOINE, apparaissant, Singhi s'enfuit.

Oh ! les satyres ! Restez, Mademoiselle ! Je suis la
vertu, le champion ! Ah ! qu'il fait chaud !

SCÈNE VII

ROBERT, WINSTON GRAHAM, ANTOINE

ROBERT

Antoine ! D'où sors-tu ? Quelle joie de te voir !

(Serrement de mains.)

ANTOINE

Ah ! mon gaillard ! Tu n'as pas honte ? Et vous,
monsieur Graham, que dirait la pudique Ohio et le
chaste Connecticut ?

ROBERT, *le prenant au collet.*

Veux-tu me dire ce que tu viens faire ici ?

ANTOINE

Rien pour le moment que vous dire de déguerpir de ces beaux lieux, rapport au propriétaire qui s'avance et préfère la solitude...

ROBERT

Tu es seul, toi ?

ANTOINE

Non. On est en famille. Tu ne sais donc rien ?

ROBERT

Non, tu sais bien que nous sommes venus par la Perse et le Béloutchistan avec Graham. Qui est avec vous ?

ANTOINE

Mais nous sommes trois : ma tante, Coryse et moi. Comme on se retrouve !...

GRAHAM

Où est madame de Nans ?

ANTOINE

Nous devions, ma tante et moi, filer droit sur Ghazelpore avec l'auto. Coryse, qui aime le pittoresque, est partic à éléphant de la gare pour ici, où Son Altesse en personne est venue l'attendre. Ma tante est en bas de la grimpette, dans l'auto. Dame ! notre

route passant par Chittore, j'avais envie de voir ça, et
la duchesse a de vagues scrupules au sujet de son
chaperonnage vis-à-vis de Coryse.

ROBERT

Vagues, certes. Moi, je trouve inouï...

ANTOINE

Hé là ! hé là !

ROBERT

Pourquoi la duchesse ne monte-t-elle pas ?

ANTOINE

Elle m'a envoyé en reconnaissance. Et puis, elle a
un paquet énorme de journaux trouvés à la poste de
Bombay. Si un passant audacieux abuse de sa solitude, ce sera au moins sur une litière de prose irréprochable comme sentiments religieux, dynastiques
et sportifs. Tiens, ça ferait un joli sujet de conte de
Noël pour monsieur Bourget dans *le Gaulois*. Duchesse, amours subtiles, cruelle énigme, colonies
anglaises — tout son génie !...

ROBERT

Idiot ! Va chercher la duchesse. C'est une impru-
dence folle de la laisser seule.

ANTOINE

Mais puisqu'on nous expulse... C'est à nous de la
rejoindre.

ROBERT

Et la marquise ?

ANTOINE

Plus à s'occuper d'elle d'ici à Ghazelpore. On assure son transport jusqu'à la capitale... Les personnes qui y tiennent absolument peuvent l'attendre en bas. Le cortège de Son Altesse et l'escorte de Coryse ne partiront pas plus tard que le coucher du soleil. Et, tu sais, même si on permettait de voir quelque chose des ruines, je ne veux pas demander à notre clou un effort comme l'ascension des barbettes de la sainte Chittore ! Sais-tu qu'à notre dernière panne, j'ai eu toutes les peines du monde à empêcher le maire du village d'offrir un sacrifice humain à l'esprit irrité de ma Dion-Bouton ! Il y avait un vieux dans le village, paraît-il, très idoine, qui aurait été trop flatté, son beau-père !... Il a failli me le mettre de force dans mon carburateur. (*L'orchestre des guitares d'acier se fait entendre dans le ravin.*) Tiens, le voilà, le patron, sans doute ! Défilons-nous !... Personne dans la vieille enceinte, l'ordre est formel ! (*Sonnerie de clairons.*) Il va passer des soldats pour déblayer le terrain. N'attendons pas. Allons !

(Il sort le premier. Les deux hommes suivent d'un pas ralenti, les soucils froncés. Graham s'arrête brusquement et se retourne.)

ROBERT

Qu'y a-t-il ?

GRAHAM

Rien, le paysage... (*Un soldat apparaît.*) Bien, cette tache rouge...

ANTOINE

Il ne nous trouve pas aussi bien, lui. Allons !

> (Ils sortent. Le soldat traverse la scène, fait un signe au bas de la terrasse. Une sonnerie de trompettes s'élève, qui est reprise plus loin plusieurs fois et va s'éteignant pendant le commencement du dialogue qui suit. Entrent la marquise de Nans et le Maharaja.)

SCÈNE VIII

LE MAHARAJA, CORYSE

LE MAHARAJA

Prenez garde !... L'herbe est pleine de débris.

CORYSE

Je regarde la tour.

LE MAHARAJA

Oui, c'est l'aigrette de Chittore, la tour du Raja-Koombho, « plus terrible que la flamme dans la jungle sèche », dit l'inscription du sommet !... Oh ! c'est vous ! c'est vous !...

CORYSE

Oui !... Et là ?... Sous nos pieds... le gouffre ?...

LE MAHARAJA

Le Ganmukh. Là demeure la déesse, démone qui apparut à mon aïeul, une nuit du Premier Siège, en disant : J'ai faim ! Vingt héritiers du trône, successivement, furent couronnés à l'aube, régnèrent un jour et tombèrent dans l'assaut du soir avant d'apaiser l'insatiable.

CORYSE

Vingt !... Et ce petit palais, au bord du réservoir creusé dans la roche vive ?

LE MAHARAJA

Là, la belle Jod-Baé faisait des vers. Là, ce cénotaphe marque la place où fut sacrifiée la vierge Rana Koomari pour mettre fin aux discordes de sa beauté, comme Iphigénie jadis — il n'y a pas cent ans... Plus bas, cette grotte, au fond de laquelle vous entendez une source pleureuse, c'est là que les treize mille épouses se sont brûlées pour ne pas tomber aux mains des Mogols.

CORYSE

Quel air extraordinaire on respire ici !...

LE MAHARAJA

C'est la place d'où je vous ai promis, vous souvenez-vous ?... de vous montrer « tous les royaumes de la terre ». Les voici sous le soleil qui décline. Je vous les donne, eux et les souvenirs que foule votre pas de reine rentrant d'un long exil. Le vieux pays, aïeul du monde, les vieilles tombes où bruissent les épées et les colliers des braves et des belles qui vous attendent, je les jette, comme un tapis, sous vos pieds qui sont venus...

CORYSE

Monseigneur !

LE MAHARAJA

Vous, vous ici ! Parmi tous mes rêves, tous mes fantômes ! Ils vous reconnaissent. Je vous avais promise à eux ! Restons un moment... vous devez être lasse.

CORYSE

Non, je ne suis pas lasse, mais je resterai !... Est-ce que je pourrai jamais partir ?...

LE MAHARAJA

Jamais. Restons ! Ce lieu m'est si cher ! J'ai dormi des nuits là, la tête sur le sein d'une déesse terrassée. Ces nuits-là, si pleines de vous, que faisiez-vous là-bas, de l'autre côté de l'Eau Noire, dans votre maison où l'aube d'un jour, d'un unique jour, m'a entendu vous dire : « Je vous aime ! » Toutes les aurores de ma vie m'ont vu pleurer celle-là !...

CORYSE

Vos belles aurores d'Orient, pleines de flèches d'or et de vols d'émeraude, qui éclatent tout à coup comme un désir satisfait avant d'avoir souffert, pouvez-vous les comparer à nos matins grisâtres et lents, honteux de la nuit d'où ils sortent, dégoûtés du jour où ils vont.

LE MAHARAJA

Non. Ce sont des heures mystérieuses, profondes, élues. (*Les guitares d'acier se font entendre dans l'éloignement.*) Oh ! cette clarté de quatre heures, ce matin-là, les lumières jaunes des candélabres, les diamants bleus autour de vos épaules, les fleurs lourdes tuées par cette nuit de fête et qui tombaient sans courage de vos cheveux sur la nacre un peu fiévreuse de votre chair... de votre sein... où l'éventail battait plus vite comme je vous parlais, je crois... Et maintenant, vous voici.

CORYSE

Quel dangereux magicien vous êtes ! Vous m'amenez ici à travers une succession de merveilles et d'émotions, telle que je reste sans forces, comme déliée graduellement de tout ce qui était tant de moi-même et qui me semble, soudain, mesquin, convenu, asservissant, oublié..., délivrée de tout l'attirail misérable sous lequel je me cherchais en vain, avec la peur de me trouver vraiment. Tout cela m'escorte avec vous jusqu'à ce sommet, où, de plain-pied avec les plus hautes, les plus passionnantes chimères, il semble qu'on ne puisse plus que parler leur langage... et subir leur volonté... Oh ! cette lumière dorée, ces musiques, ces ruines, cette heure !...

LE MAHARAJA

N'est-ce pas ?... n'est-ce pas ?... Comme la vie, ce soir, est poignante, prodigieuse, magnifique et désespérée ! Si vous saviez en quelle minute extraordinaire, par quelle porte vous arrivez dans la réalité nouvelle où je viens de me réveiller ! Un mur s'est déchiré ; dans sa brèche, vous m'êtes apparue. Vous entrez dans mon destin par le chemin de la lumière !... Mais, pardon, je vous effraie, je ne suis qu'un sauvage, ivre de vous.

CORYSE

Non, je n'ai pas peur. J'aime vos paroles, leur musique et leur énigme... où je m'engloutis...

LE MAHARAJA

C'est vous l'énigme, la miraculeuse énigme !... Quel message m'apportez-vous ?... Que vous êtes belle sur ce seuil !... belle comme la Victoire, l'Amour et la Mort !... Au nom de qui venez-vous, parmi ces dieux ?... Grâces lui soient données, certes, de quelque nom qu'il se nomme, et quelques présents qu'il me tende par ces belles mains !... (*Il les baise. Elle est debout, appuyée au linteau d'une porte détruite et lui, plus bas, un genou posé sur l'idole tombée.*) O Beauté ! Beauté ! es-tu contente du piédestal que je t'ai donné,

où t'adorer à genoux? le roc légendaire, dix siècle s
d'épopéc, la cendre des héros et des vierges. Que
vous faut-il encore, que je l'immole et l'humilie sous
votre sourirc ? J'ai encore mon âme hantée du songe
des vieux despotes, total et puissant, plein de méfiancc
et d'orgueil. Voulez-vous que, comme eux, je rebâ-
tisse une cité nouvelle, autour de mon vouloir ramassé
et farouche sur sa belle proie, une Chittore nouvelle
dont les créneaux insultent le ciel bas des hommes,
qui rampent et peinent sous des lois ou des dieux ?
Nous y régnerons, pareils à des dieux nous-mêmes,
sous l'amour plus puissant que tous.

CORYSE

Où suis-je? Quel torrent m'emporte ?... J'étais venue,
pleine de paroles et de fourberies, vers cet amour
qui miroitait comme un riche et rare jouet, un bijou
d'Orient qu'il me plaisait d'essayer à mon cou. Et
j'ai peur à présent de le trouver si lourd, ce joyau
royal, et si c'est une chaîne, il est trop tard et son
poids m'est doux. Est-ce moi qui parle ainsi ?... Je
m'écoute avec stupeur. Qu'est devenue la femme que
je fus ?... Où est la misère des coquetteries, des ruses,
des mensonges ?... Ah ! qu'il est délicieux, mais qu'il
est terrible d'être soudain jetée à soi-même, à sa
réalité, soumise, palpitante et reconnaissante ! N'est-ce
donc que cela, la femme ?... Et celles qui se résig-
gnent à devenir des héroïnes ou des génies, n'est-ce

que du désespoir qu'un homme n'en ait pas voulu
pour esclave ?

LE MAHARAJA

Je regarde ces lèvres... Que ce soient elles qui s'ouvrent pour ces mots-là ! Comme elles frémissent et
bougent et se caressent aux paroles adorables !... Leur
premier sourire m'avait révélé, avec une netteté si
implacable, la simplicité de mon sort. Oui, que c'est
simple, l'amour !... Tout ce tumulte d'aspirations qui
faisait éclater mon cœur, j'ai su dans un éclair où
elles m'emportaient, comme mille brises dans le creux
d'une voile... Dans le temps d'un battement de vos
cils, j'ai senti que la vie avait un sens, le monde un
prix, l'univers a soudain disposé ses causes, ses destins et ses magies, docilement, autour de nous. La
paix de l'absolu a gouverné tous mes orages... C'était
l'extase ou la mort qui m'attendait ensuite. Je le savais bien !... et que je ne me réveillerais ni de l'une ni
de l'autre. Désormais, ambition, gloire, ce serait une
fleur pour vos cheveux, ou pour ma tombe, où elle
honorerait un peu de temps l'amour que vous avez
fait naître et dont j'aurai péri. Voilà, tout était tracé
d'avance, tout était facile et fatal.

CORYSE

Pourquoi êtes-vous parti, il y a quatre mois ?...

LE MAHARAJA

A cause de cette fleur pour vos cheveux ou pour ma tombe. Je vous dirai !... Je vous dirai... bientôt... demain peut-être... Je suis si sûr de ma force à présent.

CORYSE

Et moi si sûre de ma faiblesse !... La volupté d'être si peu dans vos mains, dans le choc ardent de ces destins secrets que j'ignore et dans lesquels je m'abandonne, comme en vous, délicieusement.

LE MAHARAJA

Oui, demain, demain !... La joie de vous montrer Ghazelpore, une fête dans les îles !... Vous verrez quels artistes ont paré depuis des siècles les retraites de notre amour. Un palais nous attend, pour vous... dans l'île la plus fraîche, tout en marbre et en jardins. Oh ! j'espère que vous l'aimerez.

CORYSE, souriant de sa naïveté juvénile.

Oui, oui !...

LE MAHARAJA

Riez, riez !... Je vous aime !... Nous sommes des enfants qui jouons au bord du Grand Inconnu, avec des coquilles peintes et murmurantes.

CORYSE

Des enfants !... peut-être !... En tout cas, je ne suis plus moi... Et vous... est-ce vous ?... Je vous contemple sans pouvoir me lasser ni vous reconnaître. Ma mémoire n'avait gardé qu'une image vague, lointaine, quoique impérieuse déjà!... Nous nous sommes si peu vus !... Et voilà que je vous appartiens !...

LE MAHARAJA, la prenant dans ses bras, passionnément.

C'est moi qui t'appartiens, qui suis ta chose, ô merveille, ô amour !...

CORYSE

Je sombre en vous comme en un vertige inconnu, tout le reste s'abolit. Moi, qu'on nommait jadis orgueilleuse ou cruelle ! Quelle dérision ! Et vous, comment vous nommerai-je ? Vous, si différent de mes frères, venu des profondeurs d'un passé mystérieux, vous qui avez fondu sur ma vie comme un orage des mers brûlantes, surgi de plus loin que tous mes horizons ?... Vos paroles sont pleines de lueurs et d'ombres secrètes. Mais qu'est-ce à côté du secret de toi ?... Ah ! c'est toi qui m'enivre. (*Elle répète à plusieurs reprises.*) Toi !... toi !... toi !...

LE MAHARAJA

Et toi, le secret de ta grâce et de ta puissance, crois-tu que je le connaisse mieux ? Je m'y abîme et je m'y reflète tout ensemble. Il est à la fois moi-même et tout ce qui n'est pas moi, l'éternellement inconcevable et désiré, l'à jamais intime, fraternel et adoré. Je sais ! Je sais ! Et j'ignore et je tremble ! Et ma volupté serait moins divine, moins riche, moins pareille à l'immense contradiction qui balance le ciel et rythme la vie, si je savais davantage ou si j'ignorais plus.

CORYSE

Et demain, que sera-t-il ? Où nous précipite tout cela ? Ah ! que m'importe ?... Y a-t-il autre chose ?... Comme il est plus grand que nous, l'amour !

LE MAHARAJA

N'est-ce pas ?... Peut-être délivre-t-il de grands désirs obscurs, venus de plus loin que nous-mêmes et que nous ne pouvons comprendre ni contenir, qui gonflent nos faibles cœurs et les oppriment. Peut-être des races s'y cherchent. (*Lentement.*) Peut-être s'y retrouvent des morts.

CORYSE

Je ne sais. Ma sagesse est courte. Je ne suis qu'amour. Tiens-moi bien, je n'ai plus peur. Emmène-moi. Nous reviendrons peut-être. (*Montrant le paysage.*) Mais tout ceci est trop vaste, trop beau et me fait mal... La nuit tombe... la nuit... qui nous séparera...

LE MAHARAJA, il se penche sur elle et ferme
sa bouche d'un grand baiser.

Ma vie, ma joie, viens !...

(Elle s'appuie sur son bras et, lentement, ils se reculent dans l'ombre des piliers et des arbres où ils disparaissent, tandis que reprend la musique lointaine, qui s'éteint ensuite peu à peu. Entre brusquement Graham, parlementant avec Golab Sing, puis Robert et Antoine.)

SCÈNE IX

GRAHAM, GOLAB SING, ROBERT, ANTOINE

GRAHAM

Je vous dis que je veux le voir, moi, le Maharaja ! *I must.*

GOLAB SING, barrant la route.

Hukm hai, Sahib.

ROBERT

Il faut absolument que nous le voyions, et tout de suite.

Il regarde nerveusement autour de lui.

GRAHAM

Tout de suite.

ROBERT

Où est-il ?

GRAHAM

Il n'est donc pas ici ? Qu'est-ce que cela signifie ?

ROBERT, très agité.

Où est-il ?... Where is he ?

ANTOINE

Voyons, Golab Sing, vous nous connaissez... vous vous rappelez, à Paris ?...

GOLAB SING, saluant.

Nai, nai, Sahib !... Hukm hai !...

ANTOINE

Eh ! bien, au moins, allez lui dire que nous sommes
là, que nous demandons à le voir. Notre automobile
refuse d'avancer. Nous voudrions qu'il nous prête un
éléphant pour la remorquer. Vous comprenez ?... Un
éléphant, un simple éléphant !...

ROBERT

Hathi.

ANTOINE

A-t-il quoi ?

GRAHAM

Hathi, ça veut dire éléphant.

ANTOINE

Ah ! que cet esprit de boulevard est donc déplacé
ici ! (*A Golab Sing.*) Hathi Saïtan Garri.

(Gestes désespérés.)

ROBERT, avec un geste découragé et après avoir de nouveau
interrogé le paysage.

Rien !... Elle n'est pas là !

ANTOINE, pantomime, montre Robert.

Lui !... Automobile !... Saïtan Garri, la panne, flapi,
Moi, hathi. (*Il imite l'éléphant et fait le simulacre de*

remorquer Robert.) Ff!... Ff!... Ff!... Non, ce n'est pas ça !... Dieu ! que j'ai chaud !

GRAHAM, entre ses dents, après avoir regardé en tout sens
d'un œil froid, mais aigu.

Personne !

ANTOINE, à Golab Sing.

Allons ensemble, alors, toi, moi, chercher le Maharaja. Moi cousin Sahiba, oui, mon vieux. Allons ! (*Les deux hommes font le geste de suivre. Golab Sing les arrête.*) Nous ne pouvons pas aller tous. Attendez là, vous autres... Restez là. Carburez à vide... (*Leur jetant un journal.*) Voulez-vous le *Gaulois* ? Il date d'un mois. Mais ça ne fait rien. Il est toujours pareil. C'est les principes qui veulent ça !

(Il sort avec Golab Sing.)

SCÈNE X

ROBERT, GRAHAM

ROBERT, serrant les poings.

Attendre !...

(Dépliant rageusement le journal, il commence à lire.)

GRAHAM

Qu'y a-t-il donc dans les feuilles ? je n'ai rien lu depuis des semaines.

ROBERT

Vous voulez le savoir? Eh! bien, écoutez : « La baronne du Bulle est rentrée dans son château du Chant du Coq, après son séjour à Rome, où le baron a rempli son service de camérier auprès de Sa Sainteté !... »

GRAHAM

Vous êtes drôle.

ROBERT

Hein ?... L'effet de cette révélation éclatant ici, parmi quarante siècles de gloire et de souvenirs. La baronne du Bulle. Dire que tout ça vit, grouille, continue !

GRAHAM

Est-ce qu'il y a la bourse ?

ROBERT

Non, c'est lundi.

GRAHAM

Ah !

ROBERT

Et vous ne savez pas combien a fait l'Opéra dans la semaine du Jour de l'An?

GRAHAM

Non !

ROBERT

80.777 fr. 75! Et le *Spasme*, au Théâtre Français ? 60.666 fr. 85. Et les sociétaires de la maison Potin ?...

GRAHAM

Hein ?

ROBERT

Non, ça n'y est pas. Les épiciers n'en sont pas encore là. Ils ont de la pudeur. Ah ! ça réconforte et ça élève de prendre un peu l'air de Paris, quand on est loin et un peu fiévreux.

GRAHAM

Une dose de quinine ?

ROBERT, brusquement.

Dites donc, Graham ?

GRAHAM, sursautant.

Hein ?

ROBERT

Vous tenez beaucoup à cette petite ?

GRAHAM

Quelle petite ?... Madame du Bulle ?

ROBERT

Non, notre amie de tout à l'heure, Singhi.

GRAHAM

Au fait, où est-elle passée?... Mais, certainement, j'y tiens.

ROBERT

Ah !

GRAHAM

Vous dites?

ROBERT

Rien. Mais j'ai quelque chose à vous demander, Graham, comme à un ami, un vieil ami. Nous sommes presque de vieux amis à force d'avoir roulé ensemble sur les infernales routes de cette catin d'Asie !... Eh bien, comme j'ai idée que vous n'y tenez pas beaucoup à cette petite fille, et comme pour moi, en ce moment, ce serait beaucoup de l'avoir...

GRAHAM

Continuez, mon cher, vous devenez intéressant.

ROBERT

Oui, je sais, ça paraît d'un égoïsme révoltant et qui me ressemble peu. Ah ! çà, je vous jure bien, mais je souffre, mon cher, je ne peux plus souffrir ainsi !... Il me faut une chair à pétrir, à mordre... où étcuffer mes sanglots !... Là, comprenez-vous ?

GRAHAM

Non.

ROBERT

C'est vrai, vous autres du Nord, vous ne pouvez pas comprendre. Et si vous compreniez, on serait un monstre à vos yeux. Mais si vous saviez ce que je souffre !... Il faut que je le dise !... Si vous saviez !...

GRAHAM

Je sais !

ROBERT

Ah !

GRAHAM

Vous aimez, toujours madame de Nans.

ROBERT

Eh ! bien, oui, assez de comédie !... A en mourir.
Et je veux l'autre pour l'oublier un instant, pour le
répit d'une heure de volupté pire que tous les tour-
ments.

GRAHAM

J'aime aussi la marquise de Nans.

ROBERT

Vous ?

GRAHAM

Moi. Vous disiez bien. La comédie n'est plus de
saison.

ROBERT

Vous voulez dire qu'elle commence. Ah ! ah ! pardon, mon cher, mais...

GRAHAM

Prenez un autre ton.

ROBERT

Oui, pardon ! Je suis un peu hors de mon assiette...
Vous !...

GRAHAM

Oui. Je n'ai pas prétendu vous fâcher. C'est un fait, voilà tout. Et nous ferions mieux de rester alliés, croyez-moi, pour le moment, dans notre intérêt à tous les deux, sans parler de celui qui nous est cher.

ROBERT

Vous !...

(Antoine rentre, suivi de Singhi.)

SCÈNE XI

LES MÊMES, ANTOINE, SINGHI

ANTOINE

Introuvables, mes enfants. Je crois que mon guide m'a perdu exprès. Ni Maharaja, ni les autres. Je n'ai repincé que la jeune personne annoncée à l'extérieur, qui a consenti à s'abriter sous mes ailes de cygne. Lohengrin, quoi !... Entrez donc, Mademoiselle. Je réponds de ces gorilles à face humaine... Vous savez qu'elle cherche un parent, je crois ! Elle expliquait ça à Golab Sing, tout à l'heure. Un fauconnier, apparemment du palais de Ghazelpore. Telle est la vie. C'est nous les faucons de la farce. Golab Sing nous a assuré que le Maharaja et toute sa suite devaient repasser par ici en partant. Alors, le plus simple, c'est d'attendre. Nous attendrons. Ma tante doit déjà être violée. J'arriverais en tout cas trop tard. Il fait presque nuit déjà. Ce ne sera pas long !...

Et de là-haut, il y a un coucher de soleil capable de parler à l'âme d'un membre du Jockey. Mais quelles têtes vous faites?... Qu'est-ce qu'il y a?... Fâchés?...

SINGHI, très coquette, s'avançant entre les deux hommes.

Jaloux !... Jaloux !... A cause de Singhi ! Les fous. Mais Singhi sera bonne ! Ne vous querellez pas. Le vieux Tazam-ud-din choisira !... (*A Robert.*) Je t'aime, jaune moustache d'Europe... (*A Graham.*) Et toi, visage d'acier, je t'aimerai.

ANTOINE

Oh ! voilà ce que ça rapporte, de championner l'innocence ! Et moi ?

SINGHI

Le vieux Tazam-ud-din choisira. (*Elle prend trois roses auprès de la pierre sépulcrale, et les dispose sur une ligne en avant du parvis. La musique des guitares d'acier s'élève à nouveau.*) Ecoute. Il m'envoie de la musique pour danser. Si elle s'arrête quand je suis de ce côté de la ligne des trois roses (*A Robert*), je serai tienne !... si c'est de l'autre... (*A Graham*), toi, tu m'auras.

ANTOINE

Jeu charmant !

SINGHI

Maintenant, ne parlez plus et restez à l'écart, je vais prier.

ANTOINE

Elle va prier ! Avant de... Une jeune personne bien pensante. J'avais vu ça tout de suite. Quel pays, mon Dieu, quel pays ! (*Il ouvre le* Gaulois.) Je me demande si la baronne prie, elle, avant de choisir.

> (Singhi déplie le petit tapis qui est resté roulé près du seuil du sanctuaire et s'y prosterne, pendant que les deux hommes restent immobiles et perdus dans leurs pensées, à quelque distance. Antoine va de l'un à l'autre, en parlant bas, sans en rien tirer, puis va regarder au fond.)

SINGHI

O Tazam-ud-din, seigneur de l'heureuse conjonction, ô perroquet d'Hindoustan et protecteur de l'amour, pardonne à ta servante son mensonge à cause de son amour ! Sois témoin que je ne feins de choisir entre ces Barbares que pour allumer la jalousie du guerrier qui m'est cher et que tu vas ramener ici, n'est-ce pas ? Tazam-ud-din... Car il est très jaloux..., il l'a dit !... J'ai treize ans, mais je sais comment on prend les hommes. Donne-moi donc, ô cheik vénéré, honneur et pureté de l'Islam, les baisers que je préfère. Mais fais-moi légère et désirée par plus d'un, pourtant, s'il te plaît, sans que cela tire, du reste, ô très pieux, à conséquence.

ANTOINE, laissant tomber son journal.

... Et la comtesse Simon Brice en Carmen !... Patrie absente !

Il écrase une larme.

Singhi se relève et commence à danser. Le bref crépuscule indien touche à sa fin, et un rayon rougeâtre, tombe, seul, sur le parvis du petit temple et la danseuse très grave. Le haut de la Tour de Victoire est également touché d'or par le couchant. L'ombre envahit à demi le reste de la scène. Robert regarde Singhi avidement. Graham est impassible, Antoine amusé. Sans bruit, sur une plate-forme ruinée, et invisibles aux autres qu'ils dominent, apparaissent le Maharaja et la marquise. Charmée, celle-ci met un doigt sur les lèvres pour qu'on n'interrompe pas la danse. Elle n'a vu que la danseuse. Robert, s'arrachant brusquement à la contemplation de Singhi, se retourne et reconnaît la marquise. Il reste immobile, saluant à demi. Coryse, troublée, répète machinalement son geste, qui lui impose l'immobilité et le silence. Graham, qui a suivi le mouvement de Robert, obéit de même. Deux porteurs de torches sortent soudain de l'ombre et viennent se placer de part et d'autre du Maharaja et de la marquise. Singhi les aperçoit tout à coup, tressaille, mais continue sa danse, tandis que ses yeux s'emplissent d'étonnement, de douleur et de larmes. La toile tombe lentement.

ACTE III

PREMIER TABLEAU

Un jardin à la persane dans une île du lac de Ghazelpore.

Un treillage de marbre, où montent et retombent des bougainvilléas, ferme le jardin. On aperçoit, à travers les blancheurs du marbre et les grandes fleurs violettes, miroiter l'eau, tandis qu'au fond le soleil couchant dore le palais et la ville de Ghazelpore, étagés en amphithéâtre sur le fond des montagnes rousses.

A l'angle du fond, à gauche, un kiosque à colonnettes, en encorbellement sur le lac. Coussins de soie et tapis à même les dalles.

Des chaussées de marbre suivent la ligne des treillages. D'autres unissent le kiosque par des ponts au terre-plein, également dallé, qui forme l'avant-scène. Car les massifs du jardin affleurent la surface d'un bassin plus élevé que le lac et se découpent en géométries contournées sur un fond d'eau qui, sans être plus visible au spectateur que le lac même, apparaît également par endroits à travers une balustrade basse, les rosiers qui la couvrent, les fleurs et les verdures qui débordent de la coupe de chaque parterre. Cette balustrade est parallèle à la rampe. A droite, un trône sous un dais de riches étoffes, qui masquent le chemin par où les invités du Maharaja vont arriver. Un dais, au-dessus de l'issue de droite, marque la direction de la salle du banquet, vers laquelle ils se dirigent.

SCÈNE PREMIÈRE

TOTA, BILLA, DIMAK, LA KASHMIRI, HARABANSA, NIMA, GULABA

TOTA, debout sur le kiosque au fond, appelle.

Hé! Nima! Dimak! Harabansa ! Gulaba! Voyez la Kashmiri! Elle nage comme un garçon!

BILLA, à demi couchée à l'avant-scène, pendant qu'un eunuque lui farde la plante des pieds, allonge la téte vers le bassin.

Ces filles de montagne, quel genre! Elle plongeait ainsi, je gage, dans son lac de Srimagar, du haut du bateau de melons que poussait son père...

DIMAK, haussant sa tête hors de l'eau par-dessus la balustrade, dont elle écarte les roses.

Son père!... Elle en a bien huit et demi!

BILLA

... Pour rejoindre à la nage les jeunes sahibs, le soir. (*A l'eunuque.*) La glace, ma belle... Tu en as mis trop à gauche, trop de janbuk. Frotte, enlève, aïe! Sans chatouiller... j'aurais la plante des pieds comme les joues de la Kashmiri. Vois-la. (*La Kashmiri paraît à mi-corps, l'eau ruisselant de son visage.*) Tomate du Prophète, comme tu luis!

LA KASHMIRI

O fourmis noires des cocotiers du Sud, j'avais dix

ans quand j'ai quitté mon pays, et vous dansiez déjà,
les pieds sans toucher terre. C'est pour ça que tu les
fardes, ô Dimak !...

DIMAK

A dix ans !... Que je meure musulmane !... L'ef-
frontée !... L'entendez-vous ?

TOTA

Il paraît que les jeunes sahibs aimaient les abricots
de Baltistan !

(Rires.)

HARABANSA

Vous feriez mieux, au lieu de vous disputer, de
guetter si l'on vient. Toi, Tota, t'es-tu nichée là pour
ça ? ou non ? Ce serait un joli scandale ! Les danseuses du Maharaja surprises à barbotter comme des
filles de corroyeur dans un étang sale ! Vous verrez
qu'elles n'auront même pas le temps de se coiffer
avant le banquet.

NIMA

Ça m'est égal. Il fait trop chaud. La déesse
Lackshmi, sur son lotus, entre ses deux éléphants
qui l'arrosent, voilà mon type... Je leur jouerai
Lackshmi, s'ils viennent. (*A une autre qui étudie un
pas à gauche.*) Arrête, Lala, fille de sabre sans pointe,
tu me donnes chaud avec tes sauts de bergeronnette.

GULABA

Arrête, ou je t'arrose !

NIMA

Ou bien, danse quelque chose de frais... Tiens,
le Martin-Pêcheur, par exemple ; danse le martin-
pêcheur, c'est une idée ! Vois-tu, une artiste, ça se
retrouve toujours. Regarde-le sur le lac, quand il
vise un poisson, les ailes battantes, le reste immobile, le bec en équerre avec son petit corps bleu...

(Elle se lève pour montrer le pas.)

LA KASHMIRI, surgissant à l'improviste, et poussant Nima
qui choit dans l'eau par-dessus la balustrade.

Et n'oublie pas le plongeon pour finir. Ah ! Ah !
Qu'elle est vilaine ! (*Imitant les crachotements de la
victime.*) Fout, pout, pft ! C'est mauvais, hein ? Tu
aimes mieux le cognac du vieil Abou !

(Gulaba sort de l'eau et, passant derrière, elle
l'envoie d'une poussée rejoindre Nima.)

GULABA

Assez ! Tu parles trop !

(Rires.)

BILLA

Tout de même, est-on des artistes lyriques, ou des
veaux de buffle à l'abreuvoir ? Ah ! que diraient les
vieux poëtes, s'ils renaissaient pour voir d'aussi vul-

gaires jeux? Et cette Kashmiri est rouge de partout!
(*A l'eunuque.*) Le miroir, mon pigeon! et les mouches!
(*Elle chantonne, en arrangeant son visage devant le
miroir que lui tend l'eunuque.*) « Mouche de ma fossette, tu es une abeille captive d'une fleur. » (*Elle
allonge ses yeux de kohl.*) Mes yeux sont des voleurs
qui prennent des cœurs fous au passage ; au nœud
coulant d'un sourire je les lie, puis, dans le creux
de ma fossette, je les jette pour y mourir. (*Singhi
entre. Elle a l'air triste.*) Singhi ! Toi ! D'où sors-tu?
ô très déplorable !

SCÈNE II

LES MÊMES, SINGHI

SINGHI

Quand viennent-ils, sais-tu, Billa ?

BILLA

Mais bientôt, tout à l'heure. Je croyais qu'on t'avait
logée au palais? Ça faisait des jalouses !

SINGHI

Non ! Je n'ai pas paru au palais depuis votre
arrivée.

BILLA

Tu n'as paru nulle part ?

SINGHI

J'étais là-haut ! (*Elle montre le bâtiment à gauche.*)
Avec vous toutes, mais je suis restée sur mon tapis
à regarder bouger au plafond le soleil réflété par
l'eau. J'étais lasse.

DIMAK

Singhi, viens, il fait frais sous les fontaines du
Maharaja-Sahib.

TOTA, épiant l'horizon.

Voilà sa barque qui se détache du ghât du Palais.
(*Mouvement général des baigneuses qui saisissent leurs
voiles pendus aux arbustes, leurs bijoux traînant sur
les marbres.*) Il sera là dans le temps d'une chique
de bétel.

GULABA

Mais non, regardez, il prend le chemin de l'autre
île.

BILLA

Naturellement, il va chercher la Memsahib blanche,
la sultane de l'ouest, la reine de la fête.

GULABA

Dire que, pour elle toute seule, elle a le plus beau
palais du lac !

DIMAK

On l'a mieux logée que le Burra Sahib ! Vois son bungalow là-bas. Le pauvre ! un usurier de Madras n'en voudrait pas.

GULABA

Là où il y a la vieille roue d'arrosage qui a tous ses pots cassés ?

DIMAK

Non. A côté. Ça, c'est le ghât de la Bégum de Bandamwarra.

SINGHI

Qu'est-ce que c'est que la Bégum de Bandamwarra ?

GULABA

Elle vient du Sud, dit-on. En pèlerinage à Hardwar ! Ganga Ajai ! [1] Elle voulait parler au Burra Sahib, qui a envoyé tout exprès Gopi Nath au-devant d'elle.

DIMAK, à Gulaba.

Celle-là, elle se vendrait au saïs, au porteur de pantoufles, au balayeur et au Dhobi pour savoir des histoires.

BILLA

Du reste, personne ne l'a vue, la Bégum, elle n'a que les domestiques de son pays, qui ne parlent pas

1. Louange au Gange !

comme nous. On sait seulement qu'elle est vieille, vieille...

TOTA

Le Maharaja aborde le ghât. Il saute à terre. Il a grande hâte !

(Elles rient.)

SINGHI

Billa !

BILLA

Que veux-tu ?

SINGHI

Rien.

BILLA

Qu'est-ce que tu as, ma petite tante maternelle ? L'amour, encore ! Elles ne pensent qu'à ça ! Voyons, dis-moi...

SINGHI

Ah ! Billa, comme j'ai mal !

TOTA, criant.

Filez, disparaissez. Le Burra-Sahib ! Il est là, il arrive derrière les arbres. Ils ont abordé sur l'autre berge. Et le Chota-Sahib avec...

(Elles disparaissent toutes en grand désarroi, au moment où apparaissent le Gouverneur général et le Résident. Singhi, restée en arrière, n'a pas le temps de fuir et se réfugie derrière les draperies du dais qui surmonte le trône.)

SCÈNE III

LE GOUVERNEUR, LE RÉSIDENT

LE GOUVERNEUR

Nous n'étions pas attendus, il paraît.

LE RÉSIDENT

On a logé les danseuses dans le vieux palais.

LE GOUVERNEUR

Heureusement que ce n'est pas, à notre place, les hôtes français de Son Altesse.

LE RÉSIDENT, souriant.

Peut-être...

LE GOUVERNEUR

On frémit d'y penser. Mais il ne s'agit pas de cela. Je vous ai prié de me joindre ici plus tôt que l'heure fixée pour ce gala, — dont je me sens moins l'objet que le comparse, soit dit entre nous, — parce que des rumeurs constantes et croissantes me parviennent, dont j'attends de vous la confirmation.

LE RÉSIDENT

Votre Excellence fait allusion au Maharaja.

LE GOUVERNEUR

Oui. Son attitude paraît prêter de plus en plus à

l'équivoque, je devrais dire au soupçon. Je le sentais
hostile depuis longtemps, avec ses allures d'indépendance, ses voyages. Vous le connaissez depuis des
années ?...

LE RÉSIDENT

Nous sommes frères par l'échange du sang célébré
selon le cérémonial rajpoute.

LE GOUVERNEUR

Cela est bien, j'approuve de la part de mes auxiliaires
une adaptation intelligente aux usages nationaux.
Mais alors, comment n'est-ce point de vous que je
tiens les renseignements qui ne doivent jamais me
manquer sur le moindre des chefs indigènes?

LE RÉSIDENT

Votre Excellence me le demande?

LE GOUVERNEUR

Vous n'allez pas me donner à entendre que, par esprit chevaleresque, vous assumeriez ce qui pourrait
s'appeler une véritable complicité avec un chef sus-
pect de désaffection... Je ne m'arrête pas à cette idée,
croyez-le, mais enfin...

LE RÉSIDENT

Je ne crains aucune interprétation, aucun juge. Si
j'ai excédé ma responsabilité, vous en jugerez. J'ai

cru qu'une occasion, un caractère exceptionnels me justifiaient. Je le crois toujours. Suspicion, surveillance, contrainte, dénonciation, nulle politique ne pourrait être pire vis-à-vis d'un prince admirablement doué, sensible extraordinairement aux bons procédés, fier, impulsif, fougueux, un Rajpoute entre tous.

LE GOUVERNEUR

Plus qu'un Rajpoute. Les chefs rajpoutes que je connais ne sont guère que des gardes-chasse avec des bonnes manières, mais celui-là est une intelligence, et un danger. Tencz, le seul fait pour lui, hindou, d'avoir pris un conseiller mahométan...

LE RÉSIDENT

C'est de haute politique.

LE GOUVERNEUR

Certes! Il rallie ainsi les sympathies des races les plus viriles de l'Inde. On l'a bien vu à leur Congrès de Bénarès, l'année dernière. L'attitude de tous les orateurs, le respect particulier dont ils faisaient preuve en prononçant le nom de Ghazelpore.

LE RÉSIDENT

C'est un noble caractère, Sir!

LE GOUVERNEUR

Très bien. Vous aussi, je pense. Au point de vue

gouvernant, il est permis de préférer les autres... De
bonnes études au collège noble d'Ajmir, capitaine de
cricket, par exemple, puis la Croix de l'Étoile des
Indes, après quelques années d'administration dis-
crète et loyale; fondation d'hôpitaux, contributions
pour mémorial au feu Prince Consort, etc... tel est
l'idéal d'un règne de prince indigène, mon cher monsieur Halliday. Rien de plus.

LE RÉSIDENT

Je crains qu'il n'ait appris un peu plus que le cricket
au collège d'Ajmir. Il est difficile d'empêcher l'histoire qu'on leur fait lire là-bas d'être l'exaltation de
la liberté et de ses héros à travers les âges. Lal Sing
est sensible à ces idées. Il a lu bien d'autres livres
que les manuels à l'usage des dauphins indigènes
auxquels nous apprenons leur singulier métier de rois
en lisière.

LE GOUVERNEUR

Qu'entendez-vous insinuer par là?

LE RÉSIDENT

Simplement que cet esprit indépendant, orgueilleux, réfléchit par lui-même, a besoin d'exercer son
activité personnelle, de se sentir quelque carrière ouverte à lui seul, sans contrôle exaspérant. Ce n'est
qu'à défaut de cette liberté qu'il pourrait devenir
dangereux.

LE GOUVERNEUR

C'est votre avis ?

LE RÉSIDENT

Je connais le prince depuis des années.

LE GOUVERNEUR

Sans doute, et je crains qu'il n'ait pas toujours senti, devant ses velléités d'indépendance brouillonne, la fermeté nécessaire. Ce n'est pas un reproche. Mais la manière forte a du bon, croyez-moi. Je connais aussi les Orientaux.

LE RÉSIDENT

Les Rajpoutes ne sont pas sur le modèle des autres. Ils se considèrent comme nos alliés, non comme nos vassaux. Leur fierté est ombrageuse, leurs impulsions aussi promptes que vives leurs émotions.

LE GOUVERNEUR, non convaincu.

Oui, oui. A propos, cette femme ?

LE RÉSIDENT

La marquise de Nans ?

LE GOUVERNEUR

Oui. Qu'est-ce ? Aventurière, intrigante, chercheuse de sensations ?... Un indigène ! Ah ! Fi !... Peut-on s'en servir ?... Il y aurait peut-être là une solution, un dérivatif.

LE RÉSIDFNT

Madame de Nans n'a rien d'une aventurière. Vous
pouvez être assuré de cela. C'est une femme de l'esprit
le plus clair et le plus charmant, une vraie Française.

LE GOUVERNEUR

Hum !

LE RÉSIDENT

Avec de l'imagination, beaucoup d'imagination.

LE GOUVERNEUR

Le Maharaja l'admire.

LE RÉSIDENT

Certes.

LE GOUVERNEUR

Est-ce tout ?

LE RÉSIDENT, évasif.

Je ne crois pas qu'il y ait d'incorrection entre eux.

LE GOUVERNEUR

Voyons, ces choses-là se savent. Les femmes, les
ennuques...

LE RÉSIDENT

Je vois peu ces... fonctionnaires...

LE GOUVERNEUR

Vous voyez peu de choses, en effet, je le crains,

mon cher Halliday. Je ne pense pas que ce soit par pruderie, ce serait bien middle-class. Pour moi, je conclus à une influence dangereuse. Cette femme le séduit, l'exalte. Coquette ou pire... Je puis m'adresser à son gouvernement.

LE RÉSIDENT

Oh ! Sir !

LE GOUVERNEUR

Il serait trop content. Pensez-y... Compromettre une personne de ce nom-là ! Quelle aubaine ! Très France moderne ! Mais non, je ne ferai pas cela, réflexion faite. C'est à elle que je m'adresserai.

LE RÉSIDENT

C'est peut-être délicat.

LE GOUVERNEUR

Cela choque toutes nos idées, toutes nos traditions, tous nos instincts, cette blanche promue au rang d'Egérie, de favorite...

LE RÉSIDENT

Rien ne permet...

LE GOUVERNEUR

Mais oui, le scandale de cette liaison n'échappe qu'à vous. Il y a là un précédent déplorable, un exemple funeste. Voyez-vous tous les rajas, nababs,

nizans et zamorins, pourvus de Pompadours de con-
trebande, dévergondées, cupides ou simplement ro-
manesques ?... Une jolie réclame pour le prestige de
la race conquérante ! Non ! Non ! Rupture avec la
Française, ou bien je le briserai.

(La tête de Singhi apparaît attentive.)

LE RÉSIDENT

Tout cela est grave, plein de difficultés et de me-
naces.

LE GOUVERNEUR

Au contraire. Tout cela n'est rien. La maison royale
de Ghazelpore a une imposante collection de sque-
lettes dans ses armoires, comme on dit : j'en sais
là-dessus plus que vous, mon cher Halliday, mais
n'en puis conter davantage. Rien de plus simple
que ce problème, si l'on me pousse aux extrêmes,
quoique, à vrai dire, je considère préférable d'éviter
un éclat, qui serait terrible.

LE RÉSIDENT

Je ne sais de quoi parle Votre Excellence, mais je
suis certain que nous devons éviter toute cause
d'impopularité pour la puissance anglaise. Toucher
à Lal Sing, c'est encourir le plus sérieux des risques.

LE GOUVERNEUR

Nous verrons bien. En attendant, que fait-il ? Comment n'est-il pas venu me recevoir ce matin ? Je suis positivement moins bien logé que ses touristes. Ce manque d'égards est outrageux. Je compte, dans mon speech, tout à l'heure, exprimer avec netteté ce que je pense des devoirs d'un prince vassal envers la puissance suzeraine représentée par moi. Il lui faut une leçon, et, quoi que vous en disiez, je lui réserve quelques paroles auxquelles il ne pourra se méprendre.

LE RÉSIDENT

Encore une fois, je supplie Votre Excellence...

LE GOUVERNEUR

C'est bien. Pour le moment rentrons. Nous avons dit l'essentiel. Nous nous retrouverons tout à l'heure, mon cher Halliday. Ne m'accompagnez pas. Notre entretien a été suffisamment remarqué déjà.

(Il sort.

Singhi, indécise, va se montrer quand entre Dilwarra, le visage animé, et qui s'arrête interdit en reconnaissant le Résident.)

SCÈNE IV

LE RÉSIDENT, DILWARRA

DILWARRA

Sahib !

Il lui fait un salut embarrassé

LE RÉSIDENT

Ah ! Je suis content de vous rencontrer, Thakur Sahib. (*Il lui serre la main sans remarquer sa gêne.*) Vous allez voir le Maharaja ?

DILWARRA

Je le cherche.

LE RÉSIDENT

Je n'ai pas le temps de lui parler moi-même. Je ne puis vous dire combien je le regrette. Mais je sais ce que vous êtes pour lui. Le plus ferme appui du gadi, le premier des seize barons de Malwa, un père...

DILWARRA

Oui, c'est mon enfant, Sahib !...

LE RÉSIDENT

Et moi, qui puis compter sur vous, je le sais non moins que lui-même. (*Dilwarra détourne la tête.*) Je viens vous adjurer, Sahib, de lui recommander la sagesse, la prudence, le calme, ces dons du vrai chef, dans la circonstance actuelle et pour l'avenir immédiat.

DILWARRA

C'est ce que j'allais lui dire.(*Inquiet.*)Mais que savez-vous des circonstances actuelles, Sahib ? Vous est-il venu aux oreilles qu'elles fussent particulières ?

LE RÉSIDENT

Le gouverneur semble avoir des raisons d'inquiétude, presque de soupçon.

DILWARRA, tourmentant sa barbe.

Presque de soupçon !

LE RÉSIDENT

Il se plaint de manque d'égards.

DILWARRA

N'est-ce que cela ?

LE RÉSIDENT

Peut-être pis. Je crains un éclat. Vous savez si j'aime les Rajpoutes...

DILWARRA

Oui.

LE RÉSIDENT

Eh bien ! Sahib, suppliez-le en mon nom de ne pas permettre que, pour je ne sais quel rêve impossible, quelle généreuse folie, cette race de héros qui m'est si chère, compromette à jamais sa liberté, son renom de fidélité, l'avenir de ses fils qui n'ont jamais servi que le maître de leur choix... J'ai dit... On m'attend. Adieu, Sahib.

Il lui serre chaleureusement la main et sort.

SCÈNE V

DILWARA, seul, puis SINGHI

DILWARRA, le visage contracté.

Liberté ! Qu'il est amer, le bord de ta belle coupe !...
Ah ! qu'importe ? cela n'est rien à côté d'un peuple
sous le joug. Et je sais bien que celui-là, dans son
cœur, dût-il mourir en nous combattant, il est des
nôtres. En avant ! En avant ! (*Il tire de son sein un
papier.*) L'ordre, le signe attendu. Il était là à me
brûler la poitrine si fort que je n'ai pas senti les
paroles de l'autre me brûler le cœur. O maître, Lalji,
que vas-tu dire ? tu trouveras que j'ai tardé.

(Au moment de sortir, il se trouve face à face avec
Singhi, qui se jette presque à ses genoux.)

SINGHI

Sahib, Sahib, vous allez voir le maître, le Maharaja. Par grâce, par pitié, conduisez-moi à lui. Il faut
que je lui parle, pour lui, pour son repos, pour sa
vie... que Rama défende !...

DILWARRA

Qui es-tu ? Que veux-tu ? Une Nantchni, je crois...
Connais-tu donc mon maître ?

SINGHI

Oui, Sahib, je le connais et... Le voici avec elle...
(Entrent le Maharaja et Coryse, parlant avec animation.)

SCÈNE VI

LES MÊMES, LE MAHARAJA, CORYSE

DILWARRA

Toujours elle !

LE MAHARAJA

N'est-ce pas? cela valait mieux de venir ici d'abord, avant la foule et les lumières... Etes-vous contente de votre royaume ?

CORYSE

Que c'est beau !

LE MAHARAJA

J'ai tant aimé toutes ces choses naguère, les îles et les frais palais de ces lacs. Mais de s'être reflété dans vos yeux, que tout cela se transfigure, se divinise !... Quelle magie nouvelle ! Ah ! vous êtes un miracle !... Suis-je un dieu ?

CORYSE

En tout cas, Monseigneur, c'est ici le paradis... Mais quelqu'un est là.

LE MAHARAJA

Qui ose ?

DILWARRA

Moi, Monseigneur, moi !

LE MAHARAJA

Dilwarra ! des nouvelles ?... Qu'arrive-t-il ?

DILWARRA

Tout.

LE MAHARAJA

Ah ! Viens ! (*Montrant Singhi prosternée.*) Mais qui est celle-ci ?

SINGHI, levant un regard douloureux.

Rien. Singhi. O protecteur du pauvre !

LE MAHARAJA

Toi, petite Singhi. Je suis content de te voir. Mais tu avais l'air plus gai, l'autre soir, avec ton fauconnier. Qu'en as-tu fait ? (*Singhi baisse la tête.*) N'est-ce pas qu'elle est charmante ?

CORYSE

Certes, délicieuse. C'est elle qui dansait dans les ruines, comme un petit fantôme, à Chittore. Votre nom est Singhi ?

LE MAHARAJA

Mon fidèle Dilwarra veut me communiquer des choses urgentes. Voulez-vous me permettre de vous épargner cet ennui, en l'emmenant à l'écart un instant ? Puisque Singhi vous amuse, je vous la laisse. Pardon.

CORYSE

Oui, les affaires d'Etat avant tout, cela va de soi, Monseigneur. Et c'est un délice ici.

LE MAHARAJA, la conduit au trône, où il l'asseoit.
(A Singhi.)

Tu resteras avec la Sahiba, petite Singhi...

(Il sort avec Dilwarra.)

SCÈNE VII

CORYSE, SINGHI

CORYSE

Singhi ! Singhi !... un joli nom !... Et cela veut dire ?

SINGHI

La lionne.

CORYSE

La lionne ?

SINGHI

Oui, pour défendre qui j'aime.

CORYSE

Bien rugi ! Est-elle assez gentille !... Et tu danses ?

SINGHI

Oui, je danse. Je ne suis rien. Une danseuse, ce

n'est rien... un jouet que les hommes se passent.
Oui, Memsahib, seulement cela. Vous pouvez retirer
votre robe.

CORYSE

Mais non. Je ne fais rien de pareil, je te jure, Singhi. J'aurais aimé danser, moi aussi, sais-tu? Et cette
vie d'insouciance et de fêtes...

SINGHI

D'usuriers et de coups. (*D'une voix changée.*) Ah !
Memsahib, vous êtes bonne, peut-être. Partez ! Retour-
nez en Franghistan. Emportez le malheur qui plane
sur cette terre.

CORYSE

Moi ! que dit-elle ?

SINGHI

Le Sirkar, les Anglais sont contre vous. Ils ont
peur de votre beauté, de l'amour qu'elle donne. Leurs
paroles sont mauvaises, —je les ai entendues,—outra-
geantes pour vous, et menaçantes pour d'autres,
pour un autre dont son peuple a besoin, qu'on va
lui prendre peut-être... pour le séparer de vous...

CORYSE

De moi ?...

SINGHI

Oh ! pardonnez si j'ose vous parlez ainsi, moi

poussière ! mais j'ai senti que vous étiez bonne, que vous étiez brave, que vous comprendriez quel danger pèse sur ce royaume et sur son maître, l'espoir et la joie de tout l'Hindoustan. Si vous ne l'aimez pas, que vous importe ? Si vous l'aimez ? eh bien... dignement aimez-le... Partez !...

CORYSE

Je comprends. Singhi... Oh ! bien nommée... Non, je t'écouterai. Je suis sans colère et toi sans mensonge, n'est-ce pas ?

SINGHI

Que mon foie sèche et ma langue soit jetée aux chacals si j'ai menti, sainte face de Ram ! Ils parlaient là, tout à l'heure ! Leurs paroles de haine sont chaudes encore....

CORYSE, cachant son émotion.

Et si ton maître ne voulait pas laisser partir l'étrangère venue de si loin à son appel ?

SINGHI

Ah ! Je le sais, il t'aime... Beaucoup sont tourmentés à cause de ton visage, ô deuil du monde ! Certes, plutôt que de te laisser éloigner de lui, il briserait tout masque et toute chaîne, il se perdrait à jamais. Il faut que tu lui laisses croire que tu pars de ton propre gré... que tu ne l'aimes pas.

CORYSE

Oui, Singhi.

SINGHI

Peut-être vous ne l'aimez pas... Peut-on savoir
avec vous? Vous êtes une énigme, vous avez le droit.
Mais, par pitié, ne ruinez pas cette vie, cette force,
cette espérance de tout un monde. Ils le déshonore-
ront, vous dis-je, ils le détrôneront. Ils l'ont dit. Ils
le tueront peut-être. Ils le craignent. Ils ont en vous
le moyen si facile de susciter sa révolte, qu'ils écra-
seront en l'écrasant.

CORYSE

Est-ce vrai ? Je me doutais à peine de tout ce
drame. Il me semble pourtant à présent que je me
rappelle des mots, des allusions. Mais il faisait si beau
ici... tout était si paisible et si radieux, on vivait dans
la lumière splendide, dans une fête toujours nouvelle, un enchantement si doux, des vœux si com-
blés... Et s'arracher de tout cela serait encore peu
de chose, mais... (*Bas*) de lui !... O Singhi, avec
tes yeux brillants et ta bouche qui tremble, ô Singhi
inconnue, que me demandes-tu là?... Qui es-tu? d'où
viens-tu, pour me parler ainsi ? Pour me chasser de
mon bonheur si tard connu, si tôt perdu ? Es-tu l'esprit hostile de ton vaste pays sauvage qui me re-
pousse pour l'avoir de trop près interrogé ?... Ce

pays dont les dieux n'aiment pas les hommes et sont jaloux de leurs pauvres baisers ?

SINGHI

Je ne suis rien, Sahiba. Et pourtant, je suis celle qui a compris la noblesse de ton cœur, quoique tu n'aies pas daigné m'en livrer tout le secret. Je suis celle qui n'a pas douté de toi. Voici le maître...

(Elle sort, après un regard suppliant, au moment où entre le Maharaja, une expression de triomphe sur le visage.)

SCÈNE VIII

LE MAHARAJA, CORYSE

LE MAHARAJA

Coryse ! Coryse ! Non, restez sur le trône. Il est à moi, je vous le donne. C'est un beau présage. Que vous êtes belle, ô destinée !... Mais souris.

(Coryse, gagnée par son enthousiasme, sourit, puis son visage se voile.)

LE MAHARAJA

Magnifique soir !...(*Il regarde autour de lui.*) Vous verrez, ce sera une belle fête, un enchantement, et vous serez reine, reine, et demain !...

CORYSE

Demain... il faudra songer à partir !

LE MAHARAJA, bondissant.

Partir !... Vous !... c'est un coup de couteau, ce mot-là, en plein cœur. (*Il lui prend le poignet et la regarde.*) Ah ! vous croyez que vous allez partir ? (*Coryse se redresse un instant orgueilleusement, effarée, bientôt soumise.*) Ah ! pardon ! Je suis un sauvage ivre. Mets tes pieds sur ma tête. Châtie l'insensé, mais ne pars pas. Alors, à quoi bon tout ce que j'ai fait, tout ce que je vais faire ?... l'œuvre et l'espoir sont donc soudain flétris, séchés comme la paille d'où le grain est vanné ? Voilà ce qu'il restera, quand tu n'y seras plus et que je me coucherai pour mourir sur la litière des plus grandes ambitions qui aient fleuri sous le ciel.

CORYSE, effrayée par cette violence.

Il faut, il faut que je parte ! Ah ! pardon !

LE MAHARAJA

Trahison affreuse, inouïe, abominable ! Coryse ! Coryse ! Elle n'a pas dit cela ! Mais il y avait de l'amour sur ta bouche, tout à l'heure, et des baisers. Je fais un rêve horrible, une autre est entrée en toi, un spectre me parle. Ecarte ces mains, que je te reconnaisse ! Ecarte ces mains !... Ah ! mon amie, mon amour, des larmes... Alors !... Alors ?... Vous pourriez m'aimer !... Ah ! pardon !... Dites, c'est seulement... c'est seulement que vous avez peur ? A présent, je serai calme... Ah ! ne pleurez plus, ou je ne pourrais pas...

CORYSE

Oh ! moi non plus, je ne peux pas, je ne peux pas, mon Seigneur bien-aimé, je ne peux pas rester. Je me suis cru la force de vous dire : « C'est parce que je ne vous aime pas », mais je suis lâche, je ne peux pas dire ces mots-là. Ils m'étoufferaient. Je t'adore ! (*Etreinte.*) Mais il faut que je parte. Pas pour longtemps, non. Je reviendrai ou vous viendrez. C'est vrai. J'ai peur !

LE MAHARAJA

De quoi, Coryse ? L'opinion des vôtres, sans doute ? Sera-t-elle donc implacable ? C'est un grand crime de donner son amour à un étranger ? Ah ! s'ils savaient, si vous saviez vous-même en quelles grandes choses il va se transformer, ce don sublime de vous, quelles gloires, quelles splendeurs il va nourrir !... Vous comprendriez alors que vous n'avez pas le droit de voler son heure à l'histoire, ni de vous retirer dans l'ombre d'un tel deuil.

CORYSE

Que dit-il ? Mais cet amour, ô bien-aimé, c'est pour toi la menace, l'obstacle, le danger ! Ah ! certes, de quel cœur joyeux je le jetterais au bûcher dont tu parles, s'il devait faire assez de lumière pour guider

ton courage ou seulement de tiède cendre pour y
écrire, du bout de l'épée, ton grand nom adoré !

LE MAHARAJA

Ah ! Ah ! c'est elle ! toujours elle ! Je te retrouve,
ô mon bien ! Qui t'avait prise un moment ? quels mensonges t'avait-on faits ?... Ah! folle! folle!... Mais si
tu savais... tu sauras. A présent, tu dois savoir. Je
ne suis plus inquiet que tu saches ni que tu trembles.
Tu n'es pas de celles-là. Je parlerai, je ne douterai
plus de ton âme héroïque... mon silence l'outrageait.
Il faut me le pardonner, encore. Ecoute, avant beaucoup d'heures, avant que les lumières qui vont s'allumer pour cette fête, ta fête, aient fini de s'éteindre,
une parole aura retenti que j'aurai dite et dont
l'Inde entière et le monde auront tressailli. Liberté !
Oui, je me pencherai par-dessus les créneaux sacrés
de Chittore pour crier ce mot-là dans le silence des
plaines et le deuil du temps, et tous les échos du
temps et de l'Asie me répondront, et tous les fronts
courbés se lèveront pour saluer dans l'aurore fraternelle, sur la tour du Raja-Koombho, les plis flottants
de l'étendard cramoisi.

CORYSE

Un soulèvement... la guerre... Ah! Ils te tueront...

LE MAHARAJA

J'ai là *(Il frappe sur sa poitrine.)* la nouvelle, si longtemps espérée, que nos alliés, ceux du Nord, sont prêts et n'attendent que mon signe. Je suis le maître de l'heure. O Coryse, vous mettrez-vous entre elle et moi ?

CORYSE

Jamais ! Jamais ! Mais que de dangers je redoute ! Quelle entreprise ! Ah ! prenez garde !

LE MAHARAJA

Je ne suis pas un fou ! Le secret labeur de longues années, le rêve et l'effort de toute ma jeunesse aboutissent ici. Ils avaient tort, ceux qui ne me croyaient que romanesque, et pourtant je n'ose m'avouer que, si vous me manquiez en cet instant, je marcherais, en partant de vous infidèle, moins à la liberté qu'à la mort.

CORYSE

Je suis à vous, il n'y a plus rien, je vous aime, je vous suis !

LE MAHARAJA

Tous deux, tous deux, demain, sur la route de Delhi !... Quelle belle chevauchée ! Merci, merci de m'aimer assez, de me permettre de t'offrir un empire, à genoux, humblement, honteux de payer si mal le moins tendre de tes regards ! Ah ! je veux te gagner à ma flamme, je te sens résister encore !... Comment s'en étonner ?... Tout ceci pour toi, quelle fantasmagorie! Quel effroi! Me pardonnez-vous? Mon égoïsme est affreux, je le sais. Je le sais, mais il y a plus que moi dans mon égoïsme, il y a ma race, mon pays, tout l'espoir humain opprimé qui te veulent, qui te somment et te couronnent..

CORYSE

J'entends, j'entends ! Tout cela me parle et me commande, mais, sans tout cela, je t'aurais tout de même aimé...

LE MAHARAJA

Alors, mienne? Toujours?

CORYSE

Jusqu'à la fin !

LE MAHARAJA

Le triomphe! ce sera le triomphe! (*Ardent et câlin.*) Je suis sûr, je voudrais t'expliquer, te convaincre. Notre plan, si simple pourtant, embrasse tout, prévoit tout; ce sera une traînée de flamme, un éclat simultané de toutes les forces vives du pays, non plus divisées, ennemies comme jadis, mais unies comme par mille liens patiemment et secrètement tissés. Les voix des orateurs, de tous les apôtres qui se comptent depuis dix ans aux congrès de Bénarès résonneront en même temps que les armes des régiments soulevés, la grève arrêtera soudain toute vie pour les blancs, leur troupe indécise se pressera vers les ports, tandis que, vers les plaines où si souvent le sort de l'Inde fut joué, la grande bataille espérée verra fondre les troupes d'Angleterre sous l'avalanche du Nord, lourde d'antiques haines et des fanatismes complices de l'Afghanistan, marteau terrible sur l'enclume de nous autres, ceux du Sud, la grande masse hindoue si longtemps pétrie, meurtrie et soudain devenue d'inébranlable acier.

CORYSE

Affreuse chose !... le sang...

LE MAHARAJA

Ne soyez pas inquiète. Ecartez ces pensées. Songez aux belles heures qui nous attendent. Nous entrerons dans des villes, et je me retournerai sur mon cheval vers toi qui me suivras. Des peuples crieront nos noms.

CORYSE

Quelle féerie ! Oh ! mes rêves de jeune fille, mes nostalgies de femme cloîtrée dans la niaiserie et les veuleries de Paris... que vous demandiez peu de chose à côté de cela !

LE MAHARAJA

Surtout, il me plaît que la fête de ce soir, donnée en votre honneur, malgré la présence d'autres convives que mes devoirs d'hôte et les nécessités du moment m'imposent, il me plaît que cette fête soit comme une somptueuse veillée d'armes, dans la magie de ces choses vénérables dont la beauté nous entoure et nous exhorte, à vos pieds.

CORYSE

Quelles belles heures vous m'aurez fait vivre !
(Le couchant dore l'amphithéâtre de la ville et du palais.)

LE MAHARAJA

Vois Ghazelpore !

CORYSE

Que c'est beau !

LE MAHARAJA

Ma ville ! Qui donc a voulu me persuader qu'elle n'était pas toute mienne ? (*Regardant Coryse.*) Mon amour ! quel traître a tenté de me l'arracher ? Reste devant elle ainsi ! Ses tours te font un diadème, ses lumières parent tes cheveux. Toutes deux si belles, la femme et la cité, si différentes, mais si proches dans mon cœur, qui vous ressemble à l'une et à l'autre, ô mes deux destinées !

(On entend une musique barbare dans le lointain, Coryse tressaille.)

LE MAHARAJA

Les Makkharas de guerre annoncent, comme toutes

les nuits, le coucher du soleil. Combien de fois les entendrai-je encore... ?

CORYSE

Les milans effrayés tournent sur le lac.

LE MAHARAJA

C'est l'heure où on leur jette les restes de la chèvre immolée tous les soirs à Kali, sur la terrasse du Zénana.

CORYSE

Le grand mur blanc... Qu'il a l'air farouche !... Etre captive là-dedans. Toute une vie à contempler le même horizon découpé en losanges et en pentagones par les grilles de pierre... toute une vie... avec un bûcher à la fin !... Et ne pas même être aimée seule en échange de tout cela !... Pauvres princesses mortes, je voudrais me pencher sur leurs cendres et savoir leur secret... celui de leur courage... ou de leur faiblesse ?...

LE MAHARAJA, tressaillant.

Corysande !

CORYSE

Mais leur secret, c'est toi !...

> (Elle s'appuie en arrière, la tête sur l'épaule du Maharaja pensif. Le rideau tombe.)

DEUXIÈME TABLEAU

Dans l'île.

Une cour en avant du Diwan-i-Khas, ou portique d'audience, transformé pour la circonstance en salle de festin.

La table, longue et de forme capricieuse, est disposée de manière à ce que les extrémités s'en perdent parmi la perspective des colonnes. La partie centrale en est seule visible, à gauche, formant la convexité d'un fer à cheval.

Luxe d'argenterie, de fleurs et de lumières.

Convives en vêtements de gala. Tous les personnages du drame.

Au centre et à l'intérieur du fer à cheval, sur une estrade surélevée de six pieds, et recouverte d'un dôme porté sur quatre colonnettes, le Maharaja est assis, en vêtement couleur de safran, ruisselant de pierreries. Il est assis, jambes croisées, au milieu du grand trône bas carré, le dos au traversin de drap d'or.

En arrière, dignitaires porteurs des insignes royaux, parmi lesquels on remarque le changi, disque d'or d'où rayonnent des plumes d'autruche noires.

En face et au-dessus de lui, le gouverneur général, de l'autre côté de la table, est debout et parle.

Un canal peu profond, où des lotus de pierre jettent de l'eau, règne, franchi par plusieurs ponts, au-devant du Diwan-i-Khas.

Les danseuses, parmi lesquelles Singhi, accroupies sur les dalles, s'espacent, face au Maharaja, et occupent le milieu à peu près de la scène.

En arrière, gardes en vieux costumes rajpoutes, avec le sabre courbe et le bouclier de buffle, à bosses d'émail. La gauche, beaucoup moins éclairée, ouvre sur le lac, dont la surface argentée par la lune apparaît à travers les marbres ajourés et leurs fleurs retombantes. Des degrés descendent jusqu'à sa surface, où se balancent les embarcations de gala.

Même fond qu'au tableau précédent. Le Palais et la Ville. La masse blanche du Zénana y élève sa paroi verticale, éblouissante de clarté.

SCÈNE PREMIÈRE

TOUS LES PERSONNAGES DU DRAME

LE GOUVERNEUR

Après avoir exprimé, comme hôte de l'Etat de Ghazelpore, l'admiration que m'inspirent les beautés de ses édifices et de ses paysages, non moins que le luxe sans mesure qui préside à cette fête, je dois parler à titre de délégué du Gouvernement souverain que je représente et au nom duquel j'accepte l'hommage de tout ceci. Si, dans ce déploiement de magnificence, nous devions voir autre chose que le gage éclatant du respect, du service et de la fidélité que l'Angleterre réclame des princes qu'elle protège, notre devoir serait de réprouver un étalage, une pompe ruineuse, je dirais presque coupable. Parmi les enseignements que nous avons apportés à l'Orient et à ses princes, il n'en est pas de plus impérieux que celui-ci. Un

chef doit vivre pour son peuple et non le peuple pour
son chef. Mon devoir est de rappeler que les récoltes
ont manqué dans le sud du pays de Malwa et de
prononcer, quelque inopportune que soit l'heure, le
triste mot de famine... La responsabilité d'un prince
est ici directe : il ne devrait pas avoir à apprendre de
nous ses obligations. Cependant, et je tiens à l'af-
firmer, en cette occasion, avec une force particu-
lière, la justification de notre domination à nous
Anglais sur la terre de l'Inde, ce sont les bienfaits
moraux auxquels nos armes ont frayé la route, les
vertus nouvelles que nous avons proposées aux
sujets comme aux chefs, l'éducation en un mot, qui
élève les esprits et les cœurs. C'est une dette sacrée
envers nous que nul n'oublierait sans ingratitude, et
la soumission reconnaissante que nous attendons est
le faible intérêt d'un vaste, d'un incalculable capital
moral. Malheur à qui l'oublierait, pour son honneur
d'abord et pour sa fortune ensuite. La conviction de
n'avoir pas achevé notre tâche de justice et de pro-
grès nous impose, tant que cette tâche reste incom-
plète, d'être forts, vigilants et impitoyables, et cela
d'autant plus que le rebelle aurait pour lui plus de
prestige, de par l'intelligence, le savoir, le rang ou
l'autorité, s'il avait le malheur d'oublier qu'il tient
tous ces biens de nous seuls. Je lève donc mon
verre, selon l'usage, à celui qui est nous, au souverain dont l'auguste nom nous unit, maîtres et ser-

viteurs, laborieux et fidèles, sous tous les cieux de ce globe, où notre Empire durable est assis. Messieurs, le Roi !

(*Tous se lèvent. La musique joue le* God save the king.)

LE MAHARAJA *se levant aussi, d'une voix sonore.*

Arrêtez ! (*La musique cesse, mouvement général.*) J'ai grand'hâte de répondre aux paroles de Son Excellence. Je crains d'être longtemps avant d'en entendre d'aussi profitables. Je suis aise que, parmi les convives, ceux que j'ai droit de nommer mes hôtes, puisque leur présence ici répond à mon désir, aient entendu de quelle manière sur la terre de mes ancêtres les commis parlent aux rois.(*Emotions diverses.*) Vous aussi, dont l'épée fut le rempart de mon trône, barons de Malwa, vous l'avez entendu. Ils n'osaient naguère. Si quelqu'un avait nommé à un Rajpoute d'autres maîtres que les souverains de sa race, il n'aurait pas compris. Les pactes d'autrefois parlaient d'alliance, de fraternité entre Rajpoutes et Blancs, entre braves et braves. Il paraît cependant que leur clause maîtresse nous liait, à notre insu, sous un joug. Nous signions du pommeau de ces épées, dont nous avons usé les lames au service de notre liberté, nous scellions, entendez-vous, notre esclavage ! Ne fallait-il pas que les ballots des marchands pussent voyager à travers une terre pacifique ? Car ces soldats, que nous avions crus dignes d'être des frères d'armes, ne

sont que des domestiques de marchands, caste mé-
prisable, que le guerrier ne nomme qu'en crachant
après. Et leur roi, le maître que je ne trahis pas puisque je ne me suis jamais reconnu de maître, l'allié
que je répudie parce qu'il a manqué à sa foi, le des-
pote contre lequel je lève mes armes, avec toute l'Inde
derrière moi, parce que l'Inde a démasqué le mensonge et la perfidie des faux bienfaits dont on l'humilie, avant de l'en assassiner, ce roi, des marchands,
de vils *banyas* sont ses vrais maîtres et nos vrais ty-
rans. Qu'ils boivent à sa prospérité! C'est le moment,
Elle en a grand besoin. Elle est comme cette coupe :
un peu de cristal et d'écume. (*Il la brise à ses pieds.*)
Et maintenant...

> (Le Gouverneur et les Anglais, d'abord médusés
> par la surprise, font le geste de se lever. Un grand
> murmure s'élève de la foule des Rajpoutes qui, les
> yeux brillants, caressent leurs barbes.)

Ecoutez-moi jusqu'au bout. Nul ne sort d'ici sans
mon ordre. (*Les soldats obéissent à son ordre et prennent une attitude d'expectative.*) Oui, ils ont pesé l'Inde,
ses dieux, sa pensée, sa gloire contre un sac d'or.
Ils ont sacrifié sur des comptoirs l'aïeule de la pensée et de la grandeur humaines. Mais ils se trompent,
l'or avait ébloui leurs yeux imprévoyants, ce pays
n'est pas fini, l'Inde n'est pas morte. Malheur au traître qui se lèverait pour lui dire : « Ton temps est passé,
ton rêve est rêvé, ton destin est clos, tes trois cents

millions d'hommes n'ont plus qu'à tourner la meule sous le fouet. » Ce n'est pas vrai. Certes, il n'a pas tenu à nos oppresseurs que ne fût ainsi consommée l'œuvre de ce mortel abaissement. Diabolique fut leur ruse. Ils nous ont dit : « Nous sommes généreux. Venez à l'école que nous vous ouvrons. Voici la science, vous serez comme des dieux. » Mensonge, crime, meurtre de la conscience d'une race! Nous avons troqué contre des phrases de manuels, des dates d'histoire, les platitudes d'une morale, issue de la plus mesquine des théologies, nous avons troqué contre la misère insolente de leur savoir officiel le trésor de la pensée, de la tradition, de l'art, de l'exemple des ancêtres. Ils sont morts en nous une fois de plus, et cette fois à jamais. Admirable générosité dont se targuent ces maîtres! Jamais oppression n'a trouvé plus perfide et plus implacable instrument pour fausser, dégrader, dépraver les âmes et les nations. Bientôt, sur un peuple de babous serviles, de princes abêtis par l'alcool et le sport, sur une bouffonnerie de l'Europe, une caricature lamentable et colossale d'une barbarie par une autre, eût régné, lourde de fruits, la paix britannique. (*Long murmure.*) Eh bien, non ! Voici qu'une heure est venue, longuement et ardemment espérée, et j'accepte, comme un magnifique augure après tant d'autres, la fortune qui me permet de donner au premier geste de cette guerre l'éclat que j'avais rêvé. L'insolence de vos paroles (*Il se tourne vers le Gou-*

verneur.) n'aura guère précipité le moment où je devais parler. Vous êtes mon prisonnier et mon otage, Monseigneur. (*Un homme armé vient se placer sans mot dire derrière le Gouverneur. D'autres ensuite, derrière les autres convives anglais, aides de camp, fonctionnaires, etc. Les Anglais comprennent l'inutilité de la résistance.*) On va vous conduire dans une retraite sûre dont vous ne pourrez, pendant un jour, communiquer avec personne. Nous passerons sous vos fenêtres, demain, en route pour Delhi...

Je ne vous hais pas, captifs, dont je n'ai pas voulu le sort, auxquels je pardonne à l'un l'outrage de ses leçons, à l'autre (*Tourné vers le Résident.*) qui m'est toujours cher, de m'avoir vu naguère pleurer. C'est par-dessus vos têtes à présent que je parle, que je parle aux miens, à mes soldats, à mon peuple, à la vaste foule inconnue et fraternelle qui, du Sud à l'Himalaya, a choisi pour ralliement le nom de mes ancêtres et pour signe l'épée levée que je dresse aujourd'hui pour la victoire ou la mort. J'ai revêtu la robe de safran des assauts suprêmes. Vous me suivrez, unis et sans peur. Le soleil de demain se lèvera sur l'Inde libre. A la même heure, dans chaque ville du Nord et du Sud, la même nouvelle éclatera, chacun connaîtra sa tâche, et ces maîtres où seront-ils ? Au Rajpoutana, à l'Inde, à la liberté !

> (Il élève son sabre dont les pierreries luisent.
> Une grande clameur éclate parmi les **Wah ! Wah !**

Wah ! des danseuses : « Ghazelpore ! Maharaj !
Ghazelpore ! Ji ! Ji ! » Le Maharaja échange avec
Coryse un regard enivré. Les convives se sont levés
et répandus sur la scène en un désordre animé. Le
Maharaja a disparu de sa loggia. Les Anglais prisonniers sont réunis par les gardes que dirige Dilwarra, à gauche. Leurs velléités de résistance sont
calmées par un geste du Gouverneur, qui s'entretient
avec Halliday. Dilwarra s'adresse à celui-ci avec une
pantomime d'humilité et d'apologie que l'Anglais
refuse de voir. Pendant ce temps, le groupe des
Français et de l'Américain suit et commente ce qui
se passe, de la droite de la scène où, dans le désarroi de la sortie des prisonniers, on voit Gopi Nath
s'approcher du Gouverneur avec une attitude de
feinte provocation qui masque mal son inquiétude
attentive. Ils échangent quelques mots. Singhi près
d'eux tend l'oreille.)

SCÈNE II

LES MÊMES, moins LE MAHARAJA

GRAHAM

Ne tenterons-nous rien pour les délivrer ?

ANTOINE

Nous ne sommes que des invités.

GRAHAM

Nous sommes des blancs et menacés comme eux.

LA DUCHESSE

Croyez-vous ?

ROBERT

Ce n'est pas pour nous que nous craignons.

CORYSE

N'ayez peur pour personne. Je réponds de votre sécurité comme de la leur.

LA DUCHESSE

Mais quel drame ! Quel coup de théâtre !

ANTOINE

Quelle histoire pour vos five o'clock !

ROBERT

En plein mélo !

ANTOINE

Ne fais pas le boulevardier, c'est province. Tu sais, Corysande n'aime pas ça.

GRAHAM

Il faut faire quelque chose. Vous mettre en sûreté, Madame, d'abord.

ROBERT

Vous ne pouvez rester exposée à tous ces hasards.

CORYSE

Ne craignez rien pour moi, je vous en prie. Il ne pourrait y avoir qu'un danger pour vous, un seul, c'est une intervention quelconque.

ROBERT, la prenant à part.

Alors, partons, Corysande.

CORYSE

Je reste.

(Elle cause avec la Duchesse.)

GRAHAM, à Robert.

On nous regarde avec soupçon, ne remarquez-vous pas ?

ROBERT

Oui, je vous crois. Ils vous prennent pour un Anglais.

GRAHAM

Prisonnier, je ne pourrai plus rien. Je m'éclipse. Je veux rester dans l'île. Nous ne la laisserons pas seule. A tout à l'heure.

(Il disparaît. On amène les prisonniers. Dilwarra accompagne leur sortie et revient. Singhi l'entraîne à l'avant-scène.)

SINGHI

Un danger menace. Ce Gopi Nath...

DILWARRA

Que dis-tu ?

SINGHI

Je jure que je l'ai vu s'avancer vers le Burra-Sahib comme pour l'insulter, et que sa bouche a dit des paroles qui ne ressemblaient point à des injures. J'ai entendu seulement le Blanc répondre : « Ici, tout de suite » et « dix lakhs de roupies ».

DILWARRA, troublé.

Que pourrait-il, ce babou ?

SINGHI

Par pitié, empêche qu'il parte, qu'il retourne à terre. Je sens que cet homme est le malheur. Ne le laisse pas partir.

DILWARRA

Je chargerai Golab Sing de le surveiller.

SINGHI

Ce n'est pas assez !

DILWARRA

Tiens, voilà Golab Sing, parle-lui...

> (La danseuse et Golab Sing s'éloignent, en conversant avec animation. Apparaît le Maharaja, qui s'avance vers le groupe.)

SCÈNE III

LES MÊMES et LE MAHARAJA,
moins GOLAB SING et SINGHI

VOIX DIVERSES

Monseigneur !... Quels événements !... Quelle émotion ! Votre Altesse a été magnifique.

LE MAHARAJA

Je dois m'excuser comme hôte d'inscrire au programme des fêtes que je désirais vous offrir ce numéro imprévu. Croyez que je me ferai un devoir de réduire au minimum les inconvénients et les délais qui peuvent s'ensuivre. Le palais de Jugnawas est à votre disposition jusqu'à la fin de la campagne, si vous appréhendez le risque de regagner Bombay immédiatement. Quoique avec un sauf-conduit de moi... Mais la campagne sera courte... Restez jusqu'à mon retour...

LA DUCHESSE

Monseigneur, c'est trop de bonté.

ANTOINE

Moi, je pars avec vous comme correspondant de guerre, Monseigneur. J'ai trop mangé chez vos ennemis pour me battre et je le regrette...

LE MAHARAJA

Merci... En tout cas, les embarcations nécessaires
vous attendent pour vous ramener. Je n'ose vous
retenir ici, rappelé moi-même par tous les soins
d'une entrée en campagne. Comment m'excuser assez
de cette soirée qui tourne court bien contre mes pré-
visions et mon désir ? Permettez que nous la repre-
nions, si vous voulez bien attendre jusque-là, le soir
de mon entrée dans Ghazelpore, à moins que vous
ne me promettiez de venir à Delhi, qui n'est pas loin,
malgré le proverbe.

LA DUCHESSE

Vous êtes un héros, Monseigneur. Je suis profondément émue et mes vœux les plus ardents vous
suivent.

ANTOINE

Toujours cocardière, ma petite tante.

LA DUCHESSE

Adieu. Mille souhaits ! Nous prierons pour vous.
Je suis une vieille Vendéenne.

LE MAHARAJA

Je vous accompagne jusqu'au Ghât.

> (Il sort, accompagnant la Duchesse, Antoine suit.
> Robert parle avec Coryse, comme s'il tentait de la
> convaincre. Elle le quitte avec un air de résolution.)

CORYSE

Je reste.

> (Puis elle suit les autres, qui descendent les degrés
> du Ghât. A ce moment apparaît Gopi Nath, qui re-
> monte d'un embarcadère latéral.)

GOPI NATH, très pâle.

Monsieur, voulez-vous m'aider à sauver Son Excellence et ses compagnons? J'ose me confier à vous ?

ROBERT

Certes ! Certes ! Mais sont-ils en danger ?

GOPI NATH

Oui. Moi, qu'on soupçonne seulement, je viens de
voir un homme en train de saborder l'embarcation
qui m'a amené ; elle se serait ouverte au milieu du lac.
Jugez de leurs scrupules.

ROBERT

Horreur ! Corysande en de telles mains...

GOPI NATH

Laissez-moi prendre votre barque. Tout dépend de
ma diligence.

ROBERT

Oui, prenez-la. Les rameurs sont bons. Moi, je reste.
Je ne quitterai pas madame de Nans. Venez, je vous
montrerai le bateau. Nous les sauverons au moins !

> (Ils sortent rapidement, le Maharaja revient.)

SCÈNE IV

TOUS LES PERSONNAGES HINDOUS
sauf GOPI NATH

LE MAHAJARA à Dilwarra et aux Takurs
qui se pressent autour de lui.

Oui, oui, demain !... Merci, tous. Merci. Johore, merci ! Nathadwarra. Et toi, Solauki, tu tiendras haut comme naguère le vieil étendard. Rien n'est changé. Les mêmes noms, les mêmes cœurs se pressent autour du même trône. On dirait le jour où Pirthi Raj partit contre le Mogol ! S'il n'y a pas de fils, il n'y a pas d'aïeux, il n'y a toujours, il n'y aura toujours que des Rajpoutes. (*Hourras, enthousiasme, sabres brandis.*) Allez, nous nou· r. ouverons au conseil, demain, au lever du jour. ⌐ . ᴄnevaux seront sellés, visitez leurs sangles et vos armes. Si vous délacez vos sabres, posez-les pour cette dernière nuit au chevet des berceaux où vous vous pencherez demain et où dorment ceux qui· se réveilleront libres. Allez, frères. Ce soir, cette nuit sont aux hommes, demain aux héros !

(Ils sortent après une acclamation qui accompagne les cris aigus des danseuses. Le Maharaja les regarde défiler en souriant. A Singhi qui passe il adresse un signe particulier auquel elle répond par un regard d'adoration et d'angoisse implorant, puis se jette aux pieds du prince comme par une impulsion irrésistible.)

SINGHI

Sahib, que le monde prospère avec toi ! Pardonne à ta servante, mais elle a peur. Tu protèges ces étrangers. Comme le dieu Krishna, dans la bataille, tu poses une cloche prise au cou d'un éléphant sur un nid de pluviers menacé. Si c'étaient des serpents ?...

LE MAHARAJA

Singhi ! Singhi ! il ne faut pas accuser mes hôtes ! (*Singhi incline la tête avec soumission et douleur.*) Va, dis à celles-ci qu'elles ne s'éloignent pas trop. (*Il montre les danseuses.*) Je vous rappellerai peut-être. (*Il s'avance vers Coryse, qui revient après avoir accompagné les autres invités à l'embarcadère.*)

SCÈNE V

LE MAHARAJA, CORYSE, puis LES DANSEUSES

LE MAHARAJA

Vous êtes restée, vous êtes contente ? Vous êtes à moi ? Vous ne regrettez rien, Corysande, ma force, mon espoir ? Vous tremblez ?...

CORYSE

Ce n'est rien... Ils m'ont tant pressée de les suivre ! Ils ne pouvaient pas se décider à partir sans moi. Ils ont tenté de me faire peur, de me... Ah ! prends-moi, tiens-moi.

LE MAHARAJA

A jamais !

CORYSE, se détachant de ses bras.

C'est que vous me paraissez maintenant si grand, si redoutable, si lointain, possédé de si vastes desseins que je m'y sens très petite et perdue...

LE MAHARAJA

Ah ! Tais-toi. Car ce soir, ma Corysande, je vous veux tout orgueil, confiance, félicité. Marchons tous deux en maîtres vers la destinée. Elle n'est rien, notre vœu, notre beauté, notre cœur sont tout. Qu'importent les jeux misérables du sort, l'engrènement des chétives causes et des piètres effets ? Qu'importe triomphe ou misère, ombre ou clarté ? Le soleil est en nous.

CORYSE

Oui, oui, parle encore. Fortifie-moi de tes paroles, enveloppe-moi de leur ivresse. Je ne veux plus voir, ni connaître, ni me souvenir. Dire qu'il y a eu l'autrefois, mon enfance, Paris, tous les gens !... Est-ce vrai ?

LE MAHARAJA, souriant et hochant la tête.

Qui sait ? On fait des contes. Le monde est si méchant !

CORYSE

Ne ris pas.

LE MAHARAJA

Si. Rions, nous. De joie ou de défi, qu'importe ? Il n'y a pas beaucoup d'amants qui auront vécu des minutes pareilles.

CORYSE

Certes, je ne me plains pas. Tout ce drame ajoute quelque chose d'héroïque et d'aventureux à l'heure qui fuit si belle, quelque chose qui me manquerait, maintenant, et m'épouvante de son délice.

LE MAHARAJA

Veux-tu alors, — c'est une idée folle, mais elle en vaut la peine, — veux-tu que pour nous seuls nous ressuscitions les visions et les musiques dont s'enivrèrent les héros de naguère ? Tu seras une reine adorée d'il y a trois cents ans, et moi le Conquérant qui te ramène sauve, avant de repartir ! Prends place sur le vieux gaddi !

> (Il la fait asseoir sur le trône de serpentine noire, puis va vers le fond de la scène, écarte une tenture, jette un ordre et revient.)

Elles vont venir, les nantchnis. La vraie fête va commencer, loin des yeux jaloux, loin des yeux aveugles. O bien-aimée, pour une heure ! Et puis...

> (Les danseuses font leur entrée processionnellement, saluant le Maharaja, puis elles se rangent, Singhi en évidence, et le ballet commence aux

accords des musiciens qui les ont suivies. Bientôt
un mouvement de curiosité, qui se communique
aux danseuses. Quelque chose d'insolite attire leur
attention du côté du lac. Puis, derrière les treillages de marbre, on voit passer des gardes qui se
hâtent vers le Ghât et dont les armes luisent au
clair de lune. Le Maharaja s'aperçoit de ce qui se
passe et se lève.)

LE MAHARAJA

Qu'y a-t-il, enfin ? (*La danse s'arrête.*) Qu'on me
réponde !

DES VOIX, hésitantes.

Sahib... une barque... elle approche... (*Dilwarra
paraît.*)

SCÈNE VI

LES MÊMES, DILWARRA, UN BATELIER, THAKURS, SOLDATS, L'INCONNU

DILWARRA

J'avais défendu qu'on troublât Votre Altesse pour
si peu. Les gardes ont signalé une barque qui s'avance
dans l'ombre et ne comprennent pas, étant donnée la
consigne expresse de ne laisser détacher de terre
aucune embarcation. Ce n'est rien, sans doute, tenez...
la voici... Il n'y a qu'un rameur, quelque chose d'in-
distinct remue au fond...

(Le mouvement de curiosité s'est accentué. Les
danseuses insensiblement se pressent vers le débar-

cadère. Des Thakurs, des soldats se coudoient de part et d'autres de l'espace libre entre le Ghât et la Place du Maharaja)

LE MAHARAJA, à Coryse.

Un moment. Excusez ce trouble-fête. Je vais voir.

(Il s'avance vers le Ghât. Deux gardes apparaissent maintenant, le batelier presque nu, turban déroulé, lamentable et geignant.)

LE BATELIER

Je n'ai rien fait. Ils m'ont dit : C'est l'ordre du Maharaja Sahib, que Krishna favorise... (*Apercevant le Maharaja.*) Devant la Présence se tient son esclave et son esclave sera nourri.

(Il tend les mains. Deux autres gardes paraissent, soutenant une masse informe couverte d'une espèce de cagoule de toile crasseuse tombant jusqu'aux pieds, de la forme que portent les femmes afghanes. Deux trous à la hauteur des yeux donnent à l'ensemble une vague et misérable apparence humaine.)

DILWARRA

D'où viens-tu ? Qui t'envoie ? Qu'amènes-tu ?

LE MAHARAJA

Une femme ? Oses-tu ?

LA KASHMIRI

Une Afghane, Sahib... C'est ainsi que les Kaboulis voilent leurs femmes. Je les ai vues en Kashmir.

UN GARDE

Ce n'est pas une femme. Nous l'avons porté. Ecoutez.

L'INCONNU, d'une voix lointaine et bizarre.

Je veux sentir, sentir l'eau, flairer l'eau, entendre l'eau. C'est de l'eau, n'est-ce pas ? L'étoffe est humide... Tiens, un oiseau ! Que voulez-vous tous ? Qu'est-ce que c'est que ces gens?

SINGHI. DIMAK, etc.

Un homme ! Un homme !

GULABA

Un fou... (*Aux autres femmes.*) Le présage est noir... !

LE MAHARAJA, au batelier.

Parle !

LE BATELIER

Je ne sais rien. Huzzur... Un homme, un babou est venu me prendre avec ma vieille barque, où j'attends toujours près du pont... Il courait. Une si vieille

barque pour un employé du Sirkar, vêtu comme un
Sahib...

LE MAHARAJA, impatient.

Après?

LE BATELIER

Ne t'irrite pas. Je suis ta vache. Nous avons abordé
au bas du jardin qui est contre la maison du Burra-
Sahib...

DILWARRA

Là où on a logé cette Bégum de Bandamwarra que
personne n'a vue...

LE MAHARAJA

Et Gopi Nath qui l'accompagnait.

SINGHI

Gopi Nath !

LE BATELIER

Là, deux serviteurs ont apporté et mis dans la barque (*Montrant l'homme.*) Ceci, qui n'a cessé de grom-
meler et se plaindre, pendant que je ramais pour
venir ici. Le babou a disparu, après m'avoir dit que
tu m'attendais, ô Maharaja-Sahib, qui es mon père
et ma mère...

LE MAHARAJA

Gardez-le ! (*Des soldats entraînent le batelier.*) Dé-

barrassez celui-ci de cette robe qui l'étouffe. (*Il
retourne vers Corysande et lui dit rapidement.*) Pardon, bien-aimée, je ne veux qu'éclaircir je ne sais
quel mystère baroque.

CORYSE

Un mystère encore ! Je suis gâtée !

> (Une clameur de surprise sortant de toutes les
> bouches les ramène tous deux en haut des degrés
> du Ghât, où la cagoule afghane enlevée vient de
> révéler un vieillard hirsute, hagard, sorte de débris
> humain qui promène autour de lui des yeux déments
> et hume voracement l'air de la fraîche nuit.)

L'HOMME, jetant des regards qui semblent les reconnaître
sur les objets qui l'entourent.

Ah ! j'ai... j'ai vu cela... je savais bien que je reconnaissais l'odeur... L'odeur de marbre mouillé, des
fleurs, avec le musc des crocodiles... C'est le lieu
même... Ah ! Dieu ! (*Il s'affaisse comme sous le coup
d'une émotion trop forte.*)

CORYSE

Il s'évanouit. Appuyez-le là.

> (On place le corps sur les marches, à demi adossé
> contre un soubassement à colonnettes, Coryse, penchée sur lui, approche de ses narines un flacon de
> sels.)

LE MAHARAJA

Ne porte-t-il rien sur lui ?

DILWARRA, examinant l'homme immobile et touchant
ses vêtements.

Rien. Pourtant une cordelette autour du cou.

LE MAHARAJA

Le fil sacré ?... Est-ce possible ? Un brahmane ?

SINGHI

Un brahmane ?

> (Les danseuses manifestent soudain un respect profond, saluant, se prosternant.)

DILWARRA, palpant les vêtements sur la poitrine de l'homme.

Je sens quelque chose sous ma main, une amulette, je crois.

> (Il écarte la chemise.)

CORYSE

Le malheureux, dans quel état !...

LE MAHARAJA

Un blanc. C'est un blanc !

> (Les mots : « Un blanc. Un sahib ! » courent de bouche en bouche, répétés avec toutes les intonations de la stupeur et de l'inquiétude. L'homme revient à lui et son œil se fixe sur Coryse.)

L'HOMME, d'une voix lointaine.

Kate ! Kate !

DES VOÏX

Chut : il parle !

L'HOMME

Tu es venue. Oui, oui ! C'est toi. Tu m'as pardonné,
dis, ma fiancée, devant Dieu ? C'était un si terrible
été !... Personne ne pensait survivre... Alors, faible
chair... Je t'aimais pourtant. Te rappelles-tu la maison, les vieux ifs du Priory ? Tu as baissé la tête
quand j'ai parlé... Ah ! tes boucles blondes sur l'ar-
doise grise du cadran solaire de King Hal !... Que
c'est loin !... Quels abîmes !... J'y tombe... Au secours !...

CORYSE, le calmant.

Chut ! Chut !... Il ne faut pas pleurer...

(Elle lève un doigt.)

L'HOMME

Ah ! je sais, je t'ai trahie, tu es un spectre qui viens
te venger. Tue-moi, va. Il est bien tard.

LE MAHARAJA

Ces divagations ébranlent vos nerfs, chère Corysande. Vous êtes toute tremblante. Extraordinaire
aventure...

DILWARRA, qui a ouvert l'amulette, jette un cri.

Ah !

LE MAHARAJA

Qu'est-ce ? Qu'as-tu trouvé ? Donne ! (*Il saisit et déchiffre le papier jauni.*)

DILWARRA

Prends garde, on t'observe ! (*Haut.*) Ce n'est rien ! Un grimoire, quelque *mantra* chrétien...

LE MAHARAJA

Une lettre... trois lignes. On° y parle de l'île où nous sommes, je crois... Une flèche renversée pour signature.

DILWARRA entraînant le Maharaja en avant du groupe.

Au nom de ce qu'il y a de plus sacré, qu'on l'emporte, qu'on l'empêche de parler, que ce secret soit tû encore, au moins, le temps que nous pourrons le taire ! O maître ! O Lalji, c'est lui, il n'était pas mort.

LE MAHARAJA

Qui, lui ? Est-ce toi qui es fou ! Parle !

DILWARRA

Lui, lui. Le père de ton père ! Celui qu'elle aima !

LE MAHARAJA, atterré.

Vivant !... Ah ! le sort !... vivant !... Et c'est moi qui meurs !

DILWARRA, retournant vers le groupe, à Coryse.

Madame ! Permettez qu'on emporte ce misérable !
Ce n'est qu'un fou... il sera mieux là-haut ! (*Montrant
l'appartement des danseuses.*) Sa présence n'est qu'une
manœuvre d'ennemis qui cherchent à frapper nos
esprits de terreurs par un présage. Ce n'est rien. (*Aux
soldats.*) Prenez-le doucement.

L'HOMME, criant et se cramponnant.

Laissez-moi !... Je ne veux pas partir ! Elle m'attend, vous dis-je... Je ne partirai pas, ou vous m'em-
porterez avec une colonne et de la terre dans les
mains. Elle vient...

DILWARRA, perdant son sang-froid.

Il y a un maléfice dans les paroles des fous. Il faut
les couvrir par du bruit. Faites jouer les musiciens !
Délivrez les fontaines ! Gardes, frappez sur vos bou-
cliers !

L'HOMME, apercevant Singhi qui se penche vers lui
en tâchant de le persuader.

Ah ! c'est toi !

DILWARRA

Finissons...

LE MAHARAJA, gravement.

Laisse.

L'HOMME

Viens vite. Viens... Nous jetterons l'eunuque aux

crocodiles, s'il gronde, ô Maharani ! (*Les figures mani-festent leur surprise.*) N'aie pas peur. Non... personne ne m'a vu... Oh ! ton voile s'est pris dans une racine... On croira que c'est un miracle, en retrouvant demain des paillettes d'or... Là-bas ? Dans le palais d'eau ? La dernière fois... Tu te souviendras si je tombe devant Delhi ?...

LE MAHARAJA

Delhi !

L'HOMME

J'aurai joint l'armée de Lawrence dans une semaine, sais-tu bien ? Il le faut... et si je meurs... (*Singhi se met à pleurer.*) Ne pleure pas... Nous mourrons, dis-tu ? Non, pas toi... A seize ans et reine, ô ma Pad-mini ?...

> (A ce nom, tous tressaillent, des regards s'échan-gent. Murmures. Le groupe compact qui entoure l'homme commence à se raréfier.)

LE MAHARAJA, devant l'homme épuisé, que Singhi réconforte et
masse selon la coutume orientale.

Vivant !.. Ah ! que je vous contemple, ô ma nais-sance et ma ruine, ô mon commencement et ma fin !... Ils l'avaient gardé pour cette heure ! Comme il a souf-fert pour son amour ! Car il a aimé ! Cela a aimé... Me voici... ! Corysande, m'entendez-vous ? C'est sur cette épave que je suis venu à toi du fond des temps... Ceci est mon aïeul, c'est l'amour dont je suis sorti,

qu'expie cette misère, cette abjection. J'expie aussi!
Je suis perdu, Corysande ! Ceux de ma race pardon-
neraient tout, sauf cela, le crime d'un sang étranger
dans mes veines rajpoutes. Je les connais.

CORYSE

Ton aïeul! Ah! l'affreuse chose ! Le malheureux !
Nous le sauverons !

Elle s'agenouille auprès de l'homme.

LE MAHARAJA

Ecoute, mon Dilwarra. Ils savent, n'est-ce pas ?

DILWARRA

Des rumeurs couraient les bazars. Tout semble
s'être répandu par magie.

LE MAHARAJA

Ils savent. Je le vois dans leurs yeux qui me fuient.
Et, là-bas, déjà des barques se détachent. Ils s'esqui-
vent. Ils sont prudents... C'est juste. Moi, je ne leur
parlerai plus. Il ne convient pas que je parle. Je ne
serai pas le comédien maladroit qui s'excuse pour
son masque arraché, ni le soldat éventré qui pleure
sur ses entrailles pendantes. (*Il se frappe la poitrine.*)
Il y eut là un roi. Il faut qu'il reste un homme. Ah !...
ce que j'aurais fait pour eux... pour l'Asie...! Mais
assez ! qu'ils placent à leur tête un des leurs ! Tu leur

diras : « **Je** propose Jullimdur ». Il est jeune, brave, intelligent aussi pour un de sa caste... S'ils pouvaient seulement comprendre que c'est grâce à ce sang intrus qu'ils abhorrent que j'ai pu concevoir et préparer leur affranchissement ! Ah ! malgré tout, j'espère ! Il le faut... toujours espérer... se réadapter agilement au sort mobile... Je suis un mort, mais la cause un jour me ressuscitera. Jusqu'à ce jour, puisse-t-elle vivre, elle ! (*A Dilwarra.*) Va, parle-leur, emmène-les, ceux qui restent. Je ne veux pas d'adieux, cela me déchire, et que dirais-je ? L'opprobre de mon sang, le déshonneur de mon aïeule, ma bâtardise et mon mensonge ? Non, non. Ne crois point pourtant que j'aie honte. Si j'avais honte d'une seule chose, je mourrais. Laisse-nous... Tu m'aimes ?...

> (Dilwarra le serre sur son cœur et s'éloigne, violemment ému. Singhi, se levant des côtés de l'homme, va au Maharaja.)

SINGHI

Sahib, Sahib, je crois qu'il meurt !

> (Les danseuses poussent ensemble une longue clameur aiguë. Le hurlement des funérailles. Il s'élève de nouveau ponctuant le drame à intervalles réguliers jusqu'à la fin.)

SCÈNE VII

LE MAHARAJA, CORYSE, L'INCONNU, SINGHI, LES DANSEUSES

CORYSE

Un cordial, voilà ce qu'il faudrait... Là... là.

(Elle montre la table dévastée où, parmi des pyra-
mides de fruits écroulées, des candélabres renver-
sés, demeurent des coupes à demi pleines. Singhi
court à la table, prend une de celles-ci, la rapporte,
se courbe vers le moribond.)

LE MAHARAJA

Ah! Corysande, ceci aurait dû vous être épargné.

CORYSE

Bien-aimé, tais-toi! Je ne sais qu'à présent combien je t'aime. Mais lui (*Elle fait signe du côté de
l'homme.*) Pas devant lui...

(Elle se détourne de nouveau vers le moribond.
Une fusillade éclate sur la rive du lac. Tous tres-
saillent.)

LE MAHARAJA

Qu'est cela?

(L'homme se dresse subitement et se tient debout,
soutenu par les deux femmes, qui l'accotent à une
colonnette du dais de marbre. Ses yeux brûlent de
délire. Les cheveux épars, effrayant sous ses loques,

il s'appuie sur l'épaule nue de Coryse et le bras cerclé d'or de Singhi, et se met à crier de vieux commandements de la Milice de l'ancienne Compagnie des Indes.)

En avant, boys! Tête haute! L'arme dans le bras droit! Pour l'Ecosse et la reine ! Tête haute ! by God !

(Il s'écroule sur le visage. Les cris des funérailles s'élèvent de nouveau, mêlés à des coups de feu isolés. On relève l'homme.)

LE MAHARAJA montrant le trône.

Couchez-le là...

SINGHI

Sur le gaddi ?

LE MAHARAJA

Sur le gaddi !... C'est un père de rois. Il est lourd pour des bras de femmes. (*Regardant autour de lui et constatant la désertion de ses gardes.*) Quoi? C'est donc tout ce qu'il me reste? (*Sourire amer. Avec Dilwarra et les danseuses, il place le vieillard sur les coussins somptueux du gaddi, avec une tendresse désolée.*) Mon père, qu'il repose !... Veille-le, petite Singhi, tu n'es point partie encore, toi?

SINGHI

Je ne partirai jamais.

DILWARRA, qui s'est avancé vers le Ghât et observe la ville.

Des torches courent dans le palais.

LE MAHARAJA

Ils vont effrayer les éléphants et les femmes. Justement, voici une fenêtre du Zénana qui s'éclaire.

CORYSE

Que signifient ces tumultes, ces coups de feu, ces lumières ?

LE MAHARAJA

Nous le saurons bientôt, mais il y a une chose que je veux savoir avant toute autre. Corysande, mon amour, c'est moi qui dois être humble, à présent, devant vous. Que ferez-vous de moi, proscrit, abandonné, réduit à refaire par l'intelligence et l'âpre vouloir mon prestige évanoui ; non désespéré, certes, tant que tu me restes, mais humilié jusqu'à la rage de n'avoir pas à t'offrir tout de suite la moitié d'un trône.

CORYSE

Te quitter maintenant, ô Lalji... m'en crois-tu capable ?

LE MAHARAJA

Oh ! merci. Rien n'est vraiment compromis, il faut bien te le dire. S'il n'hésite pas dans le choix immédiat d'un chef, le contingent rajpoute s'ébranlera sans moi, je réapparaîtrai quand les intérêts plus vastes de toutes les races de l'Inde auront banni les préjugés qui m'arrachent le commandement des miens. J'irai porter, en attendant, mon épée au Chef mahométan du Touk. Son rôle dans notre plan est considérable et ce pivot d'une grande conversion d'armées a besoin d'être solide. J'irai le renforcer. Delhi sera pour plus tard. Je me ferai condottiere, pour me reconquérir un empire ! Me suivras-tu ? Oserais-je te demander de partager la hutte de Pirthi-Raj et son matelas de feuilles vertes ?

CORYSE

Merci, merci, mon prince, mon maître. Qu'importe un trône ? je ne veux que toi ! (*Nouvelle fusillade. Dilwarra entre précipitamment.*)

SCÈNE VIII

LES MÊMES, DILWARRA

DILWARRA

Sahib, c'est de la Résidence qu'on tire !

LE MAHARAJA

Que veux-tu dire ?

DILWARRA

Pendant que je me débattais contre la jalousie, la stupidité, la haine des barons de Malwa, qui sont deux fois des traîtres, on vient m'apprendre que les prisonniers se sont enfuis, démoralisant leurs gardes

en leur révélant... ce que nous venons d'apprendre,
trouvant le temps de se réfugier dans la Résidence
où il y a des armes, un détachement de Sikhs, brutes
qui ne connaissent que leurs chefs accoutumés. Ils
ont reçu à coups de fusil la troupe chargée d'occuper le jardin. Tous les Blancs sont réfugiés là ! Le
pire est qu'ils ont pu télégraphier. (*Mouvement du
Maharaja.*) Tous les fils n'ont pas été coupés.

LE MAHARAJA

Misérables !

DILWARRA

L'ordre n'était donné que pour minuit. Le régiment
anglais de Mhow peut être ici demain.

LE MAHARAJA

Mais alors nos troupes ?

DILWARRA

Ils ne veulent plus partir, quitter la ville, leurs
maisons ! les lâches !

LE MAHARAJA

Voilà les hommes pour qui je voulais conquérir la
liberté.

DILWARRA

Tout est désarroi, confusion, depuis... (*Il montre
d'un geste l'homme évanoui.*) La guerre sainte est
décapitée... O douleur !... Mon enfant... Sauve-toi !

14

Mots affreux à te dire : Fuis, fuis, que nous ne te perdions pas tout à fait.

LE MAHARAJA

L'entendez-vous, Madame ? Il raille sans doute. *(Geste de dénégation de Dilwarra.)* Moi, fuir !

CORYSE

Il a raison, Monseigneur, il a raison. Je vous supplie, cherchez un abri contre le danger... Ils seront implacables.

LE MAHARAJA

C'est impossible, enfin ! Tout s'effondrer ainsi ! *(A un messager haletant qui arrive.)* Encore ? Quoi ?

LE MESSAGER

Ceci, Sahib.

> (Le Maharaja se jette sur l'enveloppe que l'homme lui tend et lit.)

LE MAHARAJA

Que dit-il ? Je ne vois pas bien. Lis, Dilwarra. Tu connais le chiffre.

DILWARRA

« Rebellions du Caucase obligent d'y envoyer d'urgence l'armée prête à envahir l'Afghanistan. Différez proclamation hostilités. » Trahison. Les Russes nous abandonnent !

LE MAHARAJA, lentement.

Tout est perdu, perdu... Pas d'issue... L'irrémédiable écroulement...! Ah! Corysande!

CORYSE

Ah! bien-aimé, viens, viens, nous partirons, c'est moi qui te prendrai, qui te consolerai. Tu es à moi maintenant. Il y a une place plus sûre dans le cœur d'une femme que celle de l'orgueil et de la passion, c'est la pitié.

LE MAHARAJA, avec un mouvement de révolte.

La pitié! Qu'a-t-elle dit? La pitié, voilà donc ce qu'il me reste, ô Corysande, de vous! et du monde! En vérité, il faut bien que je voie, que je comprenne. Je n'ai plus droit qu'à la pitié. A la pitié de ce qui m'aime... au mépris et à la vengeance de ce qui me hait. Non, je ne veux ni de l'un ni des autres. Le rêve est rêvé, l'amour est aimé, le jeu est joué. Paye! Ah! donne-moi un peu d'opium, Dilwarra. Je suis faible, cette pitié me dévirilise.

CORYSE

Ah! partons maintenant! si je vous ai offensé, vous êtes toujours le maître!

LE MAHARAJA

Jusqu'à ce que je sois le remords... Un boulet, une chaîne, voilà ce que je serai parmi les tiens. Oui... je lirai dans tes yeux, à travers leur douceur chaque jour diminuée, le reproche muet de mon parjure, la dérision de ma misère, le compte impitoyable de tout ce que je ne t'aurai pas donné.

CORYSE

Quelle femme me jugez-vous donc?

LE MAHARAJA

Ah! pardon. Je vous sais bonne, mais je lirai tout cela dans vos yeux, même si votre cœur ne se l'avoue pas à lui-même. Qu'y faire? En vérité, ô bien-aimée, tout est fini.

CORYSE

Que dis-tu? C'est indigne. Tu m'outrages. Suis-je un enfant qui pleure pour un hochet perdu? Quelle estime as-tu donc de l'amour qui m'a jetée à toi?

LE MAHARAJA

Ah! chère, vaillante, charitable. Je vous aime trop pour vivre... Il me semblerait vraiment vous léguer mon cadavre. Ta générosité, quelle amertume! Ton amour dépenser ses merveilleuses ruses à flatter un infirme, à tromper un déchu, à calmer un fou douloureux, dans le cabanon de sa ruine! Quel crime de le réduire là! Je ne pourrais pas. Ce sont les forts, les heureux, les vainqueurs qui sont faits pour tes bras.

CORYSE

Quelles femmes t'ont donc aimé, orgueilleux? Je
mettrais mon amour entre ta détresse et la terre,
pour que tu y dormes comme sur les feuilles toujours vertes de tes légendes et mon cœur s'exalte-
rait au delà de tous les vains orgueils dans le petit
bruit confiant de ton souffle!

LE MAHARAJA

Ah! Corysande! être heureux loin de la vie! Que
ne peux-tu me tenter? que je voudrais te suivre, me
réfugier en toi! Mais je ne peux pas, je ne peux pas.
Le suicide pire, voilà ce que tu me demandes... Ah!
tout est fini.

CORYSE

Que dis-tu?

LE MAHARAJA

Va, ce ne sera rien, ma fin, mon naufrage, rien, un
fait divers, un caillou dans une mare : « Emeute aux
Indes, répression rapide, convenances diplomatiques,
silences, consolidés fermes. » O Tragédie! Vois-tu,
je n'ai jamais demandé à la vie que des ivresses, j'ai
eu tort... On n'arrive que plus vite à la lie au fond de
toutes ces coupes... Mais celle-ci, la mort, la belle
coupe d'onyx noir qu'on vide la dernière et que je
veux lever le plus haut, il faut qu'elle soit la plus
suave et la plus profonde. Alors, des fleurs, des

prestiges, du drame, de la beauté, de l'ivresse encore ! Soyons le pitre éclatant de nous-mêmes. Eblouissons notre propre agonie ! Je veux mourir bouche bée devant la beauté de mon geste, comme un rustaud dans un cirque !

CORYSE, cachant son visage dans ses mains.

Ah !

LE MAHARAJA

Ne pleure pas ! Pardonne ces mornes ironies. Ce tic de pleutre est opiniâtre. Du style, que diable ! Maharaja-Sahib, fils putatif de cent rois ! Ah ! une belle histoire que perdra le monde ! Plaignons-le. Oui. (*Se redressant.*) Plaignons... L'aumône de la pitié, c'est nous qui la faisons, ne soyons pas moins que nous-mêmes, si près, si près de n'être plus. Mourons de haut. (*Il ouvre les bras vers la nuit.*) Ah ! dieux, dieux. Tout ce que j'ai eu soif d'étreindre et de posséder ! Combien amères ou misérables vous n'eussiez été, ô toutes choses, croyez-vous que je l'ignore, ni que je ne vous en ai moins chéries pourtant ! Vaines nuées, grosses de monstres, comme vous les eussiez mal emplis, ces bras, et pourquoi ne retombent-ils pas plus vite ? Non ! Je ne regretterai rien ! Rien, madame. C'est sur tes lèvres que je veux dire cela !

CORYSE, s'écartant.

Jeu sinistre, indigne de nous ! Bien-aimé, je ne

peux pas t'entendre parler de mourir. Tu railles. C'est une épreuve, dis-le-moi... Comment veux-tu qu'une pensée pareille pénètre mon intelligence ? Mon cerveau la rejette. Voyons ! C'est fou ! N'est-ce donc rien alors pour toi que mon amour ?

LE MAHARAJA, l'œil fixé sur les colliers de Coryse.

Ce sont les mêmes diamants, n'est-ce pas ? que bleuissait l'aurore du premier jour où je t'ai vue ? Jour perdu, englouti dans le temps insondable... Ils ont changé de couleur quand tu as levé les yeux, comme ma vie elle-même. C'est vrai que je ne pouvais l'imaginer sans toi comme récompense, comme salaire, comme couronne. Le reste était peu, la poussière du chemin qui menait vers toi. Oui, oui ! je ne fus peut-être, en somme, héros que de roman ! Mais ma vie est finie, rayée... Je ne dois plus à moi-même qu'une fin digne de ce que furent mes pères et de ce que j'avais rêvé d'être.

CORYSE

A moi, à moi, ne dois-tu rien ?

LE MAHARAJA

Je te laisse le plus riche bien que te puisse donner l'avare vie. Un beau regret...

CORYSE

Et si j'en meurs, de ce regret ?...

LE MAHARAJA, très tendre.

Non, le plus beau songe ne vaut pas la peine qu'on meure de s'en réveiller. Tu m'auras si peu connu en somme! M'aurais-tu longtemps gardé ton cœur, que réclame le désir plus juste et moins orageux de ceux de ta race? Tu parleras de ceci avec eux et leurs petits enfants, un jour, parmi les récits de tes voyages. *(On voit apparaître Robert. Coryse, à demi défaillante, chancelle, soutenue à propos par lui.)*

SCÈNE IX

LES MÊMES, ROBERT, LE MAHARAJA

LE MAHARAJA

Et maintenant, j'irai mourir comme un Rajpoute, à la vieille mode, en m'offrant aux balles, avec... qui derrière moi? *(Dilwarra, grave, s'avance sans une parole.)* Toi, c'est la seule chose que je puis te défendre, ô brave! *(Apercevant Robert.)* Vous ici, monsieur d'Avricourt. Je remets à vos soins madame de Nans, que trop d'émotions ont bouleversée et qui sera heureuse de vous retrouver. Je m'excuse en vérité d'une hospitalité aussi troublée... Adieu! *(Coryse se laisse passivement conduire un peu à l'écart par Robert. Le Maharaja s'avance vers le trône de serpentine noire où gît l'aïeul immobile, qu'il baise au front.)* Tu as été bonne pour lui, petite Singhi. *(Il ôte son sabre de sa ceinture.*) Tiens, les pierreries de la garde paieraient une rançon d'empereur, elles suffiront bien au sel d'un vieillard et d'une petite fille. (*Singhi passe le sabre à Billa, les yeux fixés sur le Maharaja. Celui-ci aux danseuses.*) Vous avez bien dansé ce soir, mes beautés. Voici pour vous en souvenir. (*Il laisse tomber une torsade de lourdes perles au milieu des danseuses.*) J'aurais voulu vous renvoyer moins pauvres.

(On voit subitement des flammes s'élever du palais, au fond de la scène. Le Maharaja s'avance vers le Ghât Singhi se jette au-devant de lui.)

LE MAHARAJA

Singhi !

L'AIEUL, en voyant partir Singhi, se lamente.

Ne me quitte pas ! reste ! je t'ai attendue dans la faim, la soif et les pierres, cent ans !

(Billa tente de l'apaiser. Le cri des funérailles s'élève, plus lamentable. Les danseuses dénouent leurs cheveux, se frappent les joues avec des clameurs aiguës et désespérées.)

DILWARRA

Le palais est en feu !

LE MAHARAJA

C'est le Zénana ! le Sati ! Les femmes se brûlent, me croyant mort. Je suis un Rajpoute enfin ! Je vais mourir comme un prince de Ghazelpore. Ah ! la mort est belle qui m'attend. Voyez les Coryphées. (*Il montre le ciel en flammes, le vieillard abattu, les femmes sanglotantes.*) La Nuit, la Folie, la Puissance, l'Amour, cela valait de vivre. (*Dressé de toute sa hauteur, la lueur des flammes sur la face.*) La tête au-dessus du flot, toujours ! Au-dessus du désastre qui m'emporte ! au-dessus de la mémoire des hommes ! du temps vorace, du néant fraternel ! Allons !

(Il descend les degrés du Ghât et saute dans la barque. Le cri des funérailles monte plus strident. Singhi et Dilwarra ont suivi le prince. Le moribond râle, les mains tendues vers ceux qui partent.)

CORYSE, que Robert retient.

Laissez-moi, je veux le suivre, laissez-moi !

(Soudain un cri d'effroi.)

ROBERT

Ils ont pris la barque sabordée.

CORYSE

Ah !

(Cri déchirant.)

ROBERT

Les crocodiles !

(Le cri des funérailles résonne une dernière fois. La toile tombe sur des silhouettes noires qui sombrent, les bras levés, entre deux incendies.)

L'AMOUR DE KÉSA

DRAME LÉGENDAIRE JAPONAIS

EN DEUX TABLEAUX

Musique de scène de M. Léon MOREAU, jouée pour la première fois au *Théâtre Femina*, en novembre 1910, sous la direction de M. Maurice LÉVY.

Hiroshima, samuraï.
Murasaki (Késa), sa femme.
Endô, rônin.
Un prêtre bouddhiste.
Usugamo San, ancienne geisha.

Au Japon, fin du xvie siècle.

Dans la légende japonaise d'où ce drame est tiré, Hiroshima s'appelle : *Endô Morito* ; Murasaki : *Kesa Gozen*, et Endô : *watanabi*.

PREMIER TABLEAU

Devant un temple bouddhiste. La porte de son enceinte
extérieure s'ouvre au fond. A gauche de la porte, un petit
étang avec des lotus et des pierres régulièrement espacées
pour le traverser. Une lanterne de bronze se dresse au bord.
Un cerisier en fleurs la caresse de ses branches dont les
pétales roses jonchent l'eau de l'étang et le sol. Il projette
une branche au-dessus du toit, aux auvents retroussés, d'un
petit sanctuaire sous lequel est une statue du dieu Jizo, protecteur des petits enfants, qu'entourent des bannières et des
ex-voto de tous genres. A droite, sa façade obliquement au
spectateur, la maison de Hiroshima et de Murasaki, demeure
japonaise de modèle connu, exhaussée à deux pieds du sol,
ses cloisons de papier sur leur cadre de bambou écartées à
demi. Mais l'intérieur obscur ne se devine pas. La lune
pleine brille. Une société rangée au bord de l'étang récite des
poëmes.

SCÈNE PREMIÈRE

HIROSHIMA, MURASAKI, USUGAMO SAN

(Au lever du rideau, bravos et rires. On entend
au loin un shamisen, guitare japonaise, qui tinte.
Murasaki est debout, prête à parler, souriante et
timide.)

HIROSHIMA

Nous t'attendons, Murasaki.

TOUS

Oui, oui, nous attendons. A votre tour de chanter la divine lune.

MURASAKI

O nuit si belle,
Je me penche pour ramasser
Mon shamisen à trois cordes.
Mais, avant moi, voici
Qu'un blanc rayon le touche.
Soudain, comme tranchée,
Une corde se brise...
Lune trop belle,
J'ai compris...

(Tous applaudissent et félicitent la diseuse, qui se rassoit modestement.)

HIROSHIMA

A vous, maintenant, Usugamo San. Daignez célébrer la dernière, quoique le plus dignement, la parfaite lune, puisque l'heure va nous forcer à nous séparer.

USUGAMO SAN

La demande, ô Hiroshima San, est trop honorable. Après Murasaki San, votre épouse, que reste-t-il à dire ?

HIROSHIMA

C'est trop de modestie! Comme si nous ne savions pas tous que naguère, à Kyoto, il n'y avait pas une geisha qui sût mieux que vous enfermer la goutte de miel de l'émotion dans le diamant du poëme à trente-sept facettes.

MURASAKI

Oui, oui. Qui ne se souvient de ce soir dans le jardin de Kinkakuji, où ce fut la fantaisie de quelque poëte de vous faire chanter sur l'îlot du Serpent Blanc, debout, toute vêtue d'or?

HIROSHIMA

Et on ne savait ce qu'il y avait de plus beau, le reflet de la lune d'août dans l'étang ou celui de ce doux visage. (*Musique.*)

USUGAMO

Le visage d'aujourd'hui ne distrairait plus personne de l'auguste sourire de la lune, et la voix qui chanta ce soir-là n'a plus jamais chanté si claire... Et le poëte est mort.

MURASAKI

Ne parlez pas ainsi, chère Usugamo San.

HIROSHIMA

Mais quelle vie de fêtes et d'amour avant que la jeunesse et les amants meurent! (*La musique cesse.*)

USUGAMO

Croyez-vous, noble Hiroshima? J'ai souvent envié les paysannes au kimono de coton, qui viennent attacher au cou de Jizo que voilà des petites collerettes. (*Elle regarde Murasaki. Celle-ci, en rougissant, met un doigt sur ses lèvres, en cachant aux autres son geste.*) Afin qu'il déforme leur ceinture et alourdisse de lait pour une petite bouche gourmande leurs seins qu'une seule autre bouche a caressés jamais. (*La musique reprend.*)

MURASAKI

Chère Usugamo, c'est beaucoup d'avoir été belle. Ne parlons pas de mort. (*Elle regarde tendrement son mari.*) Il y a des choses qui ne meurent pas, n'est-il pas vrai ? (*Elle va demander à son mari, mais se ravise et change de ton.*) Père ?

LE MOINE

Vous avez raison, Murasaki, il y a l'amour.

LES DEUX FEMMES

L'amour...

(Un silence.)

LE MOINE

Chacun l'entend à sa manière, ce shamisen là-bas le raconte d'une autre chanson que la cloche de mon

monastère. Mais le Bouddha n'entend qu'une musique,
et c'est vers la même lune qu'elle s'en va.

HIROSHIMA

Qu'elle est belle, ce soir! Dire que de toutes les îles
du Japon, des grèves, des terrasses, des collines, il
y a des fronts levés vers elle et des cœurs qui battent
à la voir!

USUGAMO

C'est pour cela qu'elle est si belle et si tendre. On
l'aime. (*La musique cesse.*)

MURASAKI

Puisse-t-elle t'éclairer sur la route de la ville, cette
nuit, ô Hiroshima!

LE MOINE

Vous faut-il vraiment partir cette nuit?

HIROSHIMA

Oui, père. Hélas! et tout de suite, je crains. La lune
touche déjà le toit du temple de Kwannon. Mais c'est
une fête dans cette lumière et cette beauté. Je chan-
terai la chanson de guerre de Satzuma, de joie, à travers la forêt!

> (On voit un homme apparaître sortant de derrière
> le sanctuaire de Jizo. Mouvement d'étonnement
> général.)

SCÈNE II

LES MÊMES, ENDO

ENDÔ

Qui parle du chant de Satzuma? Je sais ce chant aussi. Du moins je l'ai su...

HIROSHIMA

Puisque tu n'es pas un étranger, quoique tes manières soient celles d'un fantôme, sois donc bienvenu et mets-toi là un moment, car il faut trop tôt nous séparer. Et console-nous du silence d'Usugamo San, si tu peux. Mon nom est Hiroshima.

ENDÔ

Mon nom est Endô. Je suis samuraï.

HIROSHIMA

Du clan de Satzuma?

ENDÔ

Naguère. Mais je n'ai plus de maître que le dieu des routes.

USUGAMO

Un rônin ?

ENDÔ

Oui, un rônin. (*Souriant.*) Un homme terrible et

vagabond. Mais je suis las, ma foi, j'accepterais...
vos raisons sont très bonnes, ô Hiroshima San. La
poésie, la lune... la beauté... Mais ne parlais-tu pas
de partir?

HIROSHIMA

Il le faut. La passe de Higashi est impraticable sans
lune et je dois me hâter.

ENDÔ

Comment, sans discourtoisie, resterais-je après ton
départ? Non, non, adieu. Je ne sais guère de chansons,
d'ailleurs, et je suis un compagnon morose.

MURASAKI

Ne prendrez-vous pas une coupe de vin de riz? La
route d'où vous venez est longue.

ENDÔ

Soit. De vos mains alors, Murasaki San.

MURASAKI

Vous savez l'humble nom de la femme d'Hiroshima?

ENDÔ, *un instant gêné.*

Ne vous a-t-il pas nommée tout à l'heure? (*Elle
lui présente le saké selon les formes de l'étiquette.*)
Cette coupe au bon voyage, au doux sommeil, au

joyeux retour que je vous souhaite et que je n'aurai pas ! Adieu, tous ! (*Il sort, disparaissant aussi vite presque qu'il est entré.*)

SCÈNE III

LES MÊMES, moins ENDÔ

USUGAMO

J'ai eu peur. Est-ce un diable ? Il est bien fait.

LE MOINE

La route est mauvaise. Les désirs y courent après les ombres comme les renards.

MURASAKI

Je crois qu'il souffre. J'ai peur, Hiroshima.

HIROSHIMA

En tout cas, il part dans la direction opposée à celle qu'il me faut prendre. Ami ou ennemi, c'est dommage ! Mais, adieu.

LE MOINE

Adieu, fils. Ne laisse pas trop longtemps seule celle-ci. La petite maison (*Il la montre.*) lui semblera bien grande.

MURASAKI

Très vénérée Présence, je reposerai dans le murmure proche de vos prières. Il me berce toutes les nuits. (*Le Moine sort.*) Mon maître, votre servante vous attendra, patiente, jusqu'à ce que vous daigniez revenir.

USUGAMO

Adieu, Hiroshima San, je regagne ma maison aussi. Adieu, petite veuve.

(Elle salue et se retire, précédée de son porteur de lanterne.

Hiroshima baise sa femme au front en l'amenant sous la véranda de la maison.)

SCÈNE IV

HIROSHIMA, MURASAKI

MURASAKI

Ce serait peu de chose que je meure, mais je mourrais si mon maître ne revenait pas.

HIROSHIMA

Folle ! Folle ! Demain, avant le matin même, à l'heure du lièvre, tu me verras arriver, et tu sais, les petits peignes aux fleurs de pruniers de nacre... Oui, oui, je les aurai, à moins que les *oni* et les *tennin*, les démons à long nez et à cheveux rouges, ne les volent au retour.

MURASAKI, les mains sur son sein.

Ah ! prends garde ! (*Honteuse de ce cri, elle sourit faiblement, puis timide.*) Il est une chose que je voudrais te dire encore, cher Seigneur, avant que tu me quittes. Mais je n'ose, et pourtant...

HIROSHIMA

Il n'est plus temps. Je ne puis pas attendre. Plus tard, bientôt. Je n'en reviendrai que plus vite. Adieu !

(*Elle se prosterne. Quand elle se relève, elle est seule. Elle va s'agenouiller devant l'image de Jizo, quand elle aperçoit le sabre de Hiroshima resté sous la véranda. Elle le prend d'un geste éperdu et s'élance sur les pas de son mari. Trop tard, il est déjà loin. En proie à une vive émotion, elle parle à l'image débonnaire. Puis, après avoir baisé le sol entre ses mains, elle adjure le dieu de nouveau.*

L'ombre d'Endô, allongée par la lune, apparaît tout à coup, à droite de Murasaki à genoux. Elle l'aperçoit, sursaute, mais, se contenant, achève sa prière d'une voix altérée.)

SCÈNE V

ENDÔ, MURASAKI

ENDÔ

Elle, elle ! (*Lentement et sourdement.*) Murasaki, est-ce vous ?

MURASAKI, cachant sa crainte et tournant la tête.

Est-ce vous, Seigneur étranger, et n'avez-vous pu trouver de gîte ? Il est tard.

ENDÔ

Il y a deux ans, au temple d'Inari, dans la province de Yamato, c'était aussi la lune du printemps.

MURASAKI

C'est mon pays. Le connaissez-vous ?

ENDÔ

Oui. Je ne l'oublierai plus, ni cette lune, ni ces danses, je ne les oublierai, ni le vent très doux, comme ce soir, dans les manches de ta robe gris d'argent, ni ton visage d'argent clair, ô Murasaki, je ne l'oublierai, ni tes yeux où j'ai lu le sort.

MURASAKI

Le sort ? dans les yeux d'une petite fille ?... Je ne portais pas même encore la coiffure des fiancées.

ENDÔ

Le sort. Le mien, le tien. Tout le sort, ô Murasaki. Qu'y faire ? Il est plus grand que nous. (*Un temps.*) Viens !

MURASAKI

C'est ici la maison d'Hiroshima, mon mari.

ENDÔ

Une maison... un mari... Quelles très petites choses devant mon désir de toi — qui es si petite aussi, si petite pour avoir éveillé quelque chose d'aussi grand, d'aussi vaste et fatal que mon vouloir d'amour ! Viens. Mais viens !

MURASAKI

Je ne sais pas ce que vous voulez dire, Seigneur...

ENDÔ, avec une lassitude passionnée.

Va-t-il falloir parler, expliquer, argumenter ?... A quoi bon ? La vie est courte, mortellement courte, pour tout ce que j'ai d'amour à te donner. Tu regretteras entre mes bras le temps perdu, Murasaki, et rien ne nous le rendra. Quand je t'ai vue là contre la lune, ce soir de Yamato, j'ai senti, comme on sent la foudre, que la vie loin de toi, sans toi, était beaucoup moins encore que la mort. Il faut que tu m'appartiennes, comme il faut que cette fleur de cerisier descende jusqu'à l'eau de l'étang, quoique la brise puisse un peu de temps l'attarder, voletante et plaintive. Tout le reste n'est rien, comprends-tu ? Il n'y a que ce désir, cet amour, ce destin inévitable où il faut que tu t'abîmes. Je t'enseignerai cette volupté de sombrer dans un amour plus profond que le sort. Maintenant, viens.

MURASAKI

Où me mènerez-vous ?

ENDÔ

Ailleurs. C'est le plus beau des pays, le mien. Nous bâtirons un foyer digne de nous, sur les grèves des vagues et les mousses des pins. Il y a tant de vagues et tant de pins et nul ne se ressemble. Seul, éternellement, se ressemblera notre cœur.

MURASAKI

Hiroshima, mon mari de ces deux années, reviendra ce matin. Je suis à lui.

ENDÔ

Tu as prononcé sa mort.

MURASAKI

Tes paroles sont terribles.

ENDÔ, simplement.

L'homme qui t'as tenue dans ses bras doit mourir cependant. Tôt ou tard ! Comment pourrait-il en arriver autrement ? Pourquoi me forcer à te dire, ô Murasaki, que, si tu n'es mienne ce soir, il mourra dans la passe de Higashi, où je l'attendrai avant l'aube ? Sinon, peut-être il pourra fuir... Décide, ô tant aimée! L'homme est à ta merci.

MURASAKI, *éclatant de rire à travers son angoisse.*

Votre Seigneurie plaisante... avec une grâce bien à elle... ah ! ah !

ENDÔ, *lui prenant la main et la ployant jusqu'à terre.*

Femme, femme, ô Murasaki San que j'aime, il n'est pas tout à fait temps de rire encore.

MURASAKI, *à terre.*

Pardon, pardon. (*Elle se relève sur ses genoux.*) Qu'il est fort !.. Vous ne savez pas pourquoi je ris, ô main redoutable !

ENDÔ, *l'œil ardent fixé sur elle.*

Non, je ne sais rien, en effet, bouche insolente, ô bouche de Murasaki, rouge blessure, moins rouge que celle dont le sang mirera le premier soleil de demain.

MURASAKI

Vous ne saviez donc rien de Murasaki que son visage entrevu ce soir en Yamato ?

ENDÔ

Rien.

MURASAKI

Ni le nom ni le pays de l'homme qu'elle avait dû suivre ?

ENDÔ

Non.

MURASAKI

Vous n'aviez pas cherché ? ni souhaité savoir ?

ENDÔ

Je savais que le sort de ma vie me mènerait à elle. J'aurais offensé le sort en me défiant de lui. Je savais que, comme moi, il avait hâte. Et te voici.

MURASAKI

O guerrier, je pense, moi, que tu as tardé. Mais te voici, et je ris !

ENDÔ

Que dis-tu ?

MURASAKI

Je ris, je ris, parce que tu es là, liberté, miracle, toi que je n'osais attendre hier, toi que j'aimerai demain.

ENDÔ

Ah !
(Il la prend dans ses bras.)

MURASAKI

Attends, maître. Je te donnerai ces lèvres quand je serai sûre que nul autre ne les réclame.

ENDÔ

Tu veux que je le tue ?

MURASAKI, avec un effort surhumain.

Je ne serai à toi qu'après.

ENDÔ

Tu le hais donc bien ?

MURASAKI

Mes parents m'ont vendue. C'est moi qui serais morte si tu n'étais venu, tant j'ai souffert.

ENDÔ

Le lâche ! O fleur de Yamato, je t'emporterai comme le vent libre la branche pourrie. Ah ! je vole vers Higashi, tant j'ai peur de le manquer.

MURASAKI

Oui, pars... Mais pourtant... Oh ! non !... si tu allais périr, toi. Il est fort aussi. Et il a pris sa lame de Hizen ; sans doute, tu es brave, mais il y a des charmes très puissants gravés sur cette lame.

ENDÔ

Bah !

MURASAKI

Oui, oui, tu es brave. Mais s'il prenait une autre

route,... on ne sait, il suffit d'un présage, d'une tortue
morte ou d'un oiseau qui passe. Non, frappe tout à
l'heure, après son retour ici. Que tout soit sûr. Que
ta vie et mon espoir soient saufs. Ne risquons pas
tant de biens. Tu vois la maison. Il dort là. (*Elle tire
la cloison, on voit une chambre japonaise et deux lits
déroulés sur les nattes.*) Là, contre le fusuma. Découpe
le papier du carreau avec la lame du poignard, ce
carreau-là, le cinquième : compte avec moi. Je laisserai le volet de bois ouvert à l'extérieur. Passe ta main
et frappe, tu ne peux te tromper. Il dort sur le flanc
droit, le gauche offert, là, tout juste à la hauteur du
carreau que tu te rappelleras. Tu veux? C'est le mieux.
Je te jure. Ah! je suis heureuse !

ENDÔ

Mais...

MURASAKI

Ne dis pas non. O maître, je le veux! Et maintenant, pars. Il ne faut pas que tu restes, qu'on nous
voie. A la troisième heure, juste avant le jour, attends
là-bas, derrière le grand arbre. Tu le verras revenir
par cette route. Aussitôt la lumière éteinte, tu sauras
que tu peux venir. Il s'endort très vite. Il sera las.
Mais ne bouge pas de l'arbre avant la lumière éteinte.

ENDÔ

Soit. Je ferai tout cela. Et puis nous partirons ?

MURASAKI

Tout de suite. Je vais rassembler mes hardes. Toi, maintenant, pars.

ENDÔ

Ah ! Murasaki. Je sais une barque amie qui nous mettra avant le jour en terre libre, chez le daïmyo de Hakara, où nous ne craindrons rien. Pourtant il est dur de partir ainsi, d'errer dans la nuit comme un loup maigre en attendant l'ouverture de l'étable.

MURASAKI

Il le faut. Usugamo San ou le prêtre pourraient revenir. Va. Je t'aime.

ENDÔ

O Murasaki, je t'aime aussi. Mais ceci est comme un rêve. Oh ! ce n'est pas pour une poitrine trouée que je suis là le cœur battant, mais le désir et l'inquiétude de toi me dévorent. Si tu mentais, je te tuerais lentement, en buvant ton agonie plus douce à mes sens que ta volupté, belle coupe de toute ivresse. Adieu. Je ne te touche pas, tu vois... n'offensons pas les dieux de l'attente... Tant que l'autre vit, m'as-tu dit ?

MURASAKI, offensée par un reste de doute en sa voix.

Je suis fille de samuraï.

ENDÔ

Oui, oui, c'est bien. Avant demain, sur la mer, tous deux, ô Murasaki !

(Il sort. Murasaki reste seule, blême, le regard fixe, puis sourit faiblement et, se dirigeant vers Jizo, détache du cou du petit dieu une collerette d'enfant qu'elle baise passionnément en tombant à genoux.)

BREF ENTR'ACTE MUSICAL

DEUXIÈME TABLEAU

La toile s'écarte sur le même décor, mais sans lune cette fois. Une flamme brûle dans la lanterne de bronze auprès du sanctuaire de Jizo. L'aube blanchit le ciel pendant la fin de l'acte.

Murasaki, par terre devant son miroir au-dedans de la maison, est en train de changer sa coiffure. Une lanterne carrée en papier posée à côté du miroir l'éclaire mal. Elle se relève, prend une lettre qu'elle vient d'écrire, y altère quelques mots d'un coup de pinceau, puis la replie précipitamment en entendant des pas et la glisse dans sa manche.

HIROSHIMA, paraissant.

Enfin !

MURASAKI, se prosternant.

Ah ! maître, mon cœur était lourd en vous attendant.

HIROSHIMA

N'as-tu pas dormi ? (*Murasaki sourit en secouant la tête.*) Qu'as-tu fait ?... Tes cheveux ?

MURASAKI

La nuit était longue et souvent j'avais dit, par jeu,

si mon maître bien-aimé se souvient, que j'aimerais arranger ma chevelure comme la sienne.

HIROSHIMA

Folle! Elle a l'air d'un petit samuraï dans un livre d'images. Tiens, c'est par là qu'on prend la tête lorsqu'elle est coupée et par là qu'en cérémonie, avec les saluts de rigueur, on la présente au daïmyo. Tiens, ainsi. (*Il la prend par les tempes.*) Le daïmyo, c'est moi... Comme tes yeux brillent, chère petite tête ennemie !...

MURASAKI

C'est qu'ils ont vu ton courage !

HIROSHIMA

Je les fermerai, tout à l'heure, et après moi le sommeil, car nous sommes las, ô Murasaki San, mon épouse, très las.

(Il retire son justaucorps. Elle lui présente son kimono, puis une coupe.)

MURASAKI

Voici avant de reposer pour bannir les mauvais rêves. Mon maître sûrement a soif.

HIROSHIMA

C'est vrai. (*Il vide la coupe et la rend.*) Dire qu'elle n'a pas dormi !... Peut-être as-tu bavardé ? Cette

Usugamo ne peut pas fermer l'œil avant que les coqs lui en donnent signal. Et le Dieu des geishas retraitées sait quelles histoires... A moins que ce ne fût pas une voisine, mais un voisin... Dis? quelque troubadour à la voix persuasive. Prends garde, petite tête infidèle. Les maris ont de ces lueurs...

MURASAKI

Mon seigneur est cruel. Le cœur de Murasaki est à son seigneur et il est très avide de **son seigneur** ce soir.

HIROSHIMA, il est prêt pour dormir et s'avance vers le lit déroulé le plus près de la cloison. Murasaki voit son mouvement et d'une volte souple et rapide s'agenouille sur le lit et prépare celui d'à côté, essuyant l'oreiller de laque, remontant les futons, etc...

Et si je veux dormir là ?

MURASAKI

Mon seigneur est le maître, mais les meilleurs futons sont ici et il y sera mieux protégé contre le vent de la nuit.

HIROSHIMA

En voilà des raisons à donner à un homme!

MURASAKI

Ce ne sont que des raisons de femme. Mais il y en a d'autres. Le maître ne peut pas dormir plus loin de l'autel des ancêtres que sa servante.

HIROSHIMA

Tiens, tu as changé l'autel de place. Ma foi ! si les Bouddhas le veulent... (*Raillant.*) Et puis, on est plus près ainsi du dehors, des troubadours qui passent.

MURASAKI

Ah ! tu fais mal au pauvre cœur de ta servante. Ce soir, ce soir... épargne-le...

HIROSHIMA

Pardon, tant aimée.

> (Il la prend par la taille, allonge la tête pour regarder au dehors, elle aussi, avec un air d'angoisse qu'elle change en sourire comme il se retourne.)

MURASAKI

Prends garde.

HIROSHIMA

A qui ? Les grenouilles même dorment. Moi aussi déjà, petite Murasaki... Ah ! les peignes ! J'oubliais. Mais la nouvelle que tu allais m'annoncer, il me la faut d'abord. Quoique la curiosité soit indigne d'un guerrier... Tu trembles... Comme elle a hâte !...

MURASAKI

Non... Mais l'impatience n'est pas moins indigne d'une épouse aimante. Daigne, mon seigneur las, attendre le matin. Ce sont les rêves de la nuit qui ont hâte. Bien-aimé, ce n'était rien, à peine un rêve. Je te le jure, Jizo m'entend.

HIROSHIMA

Alors, au réveil. Tu parleras demain ?

MURASAKI

Demain...

HIROSHIMA

Aujourd'hui devrais-je dire. L'aube n'est pas bien loin, nous nous lèverons longtemps après le soleil.

MURASAKI

Le soleil !...

> (Hiroshima ferme la cloison. On ne voit plus que deux ombres sur la paroi de papier quadrillée de bambou. Pantomime des silhouettes qu'un baiser joint, puis qui se séparent et retombent chacune à leur place. La lumière s'éteint.
>
> Un intervalle s'écoule.
>
> Apparaît Endô. Il s'avance à pas de loup, très lentement, jusqu'à la maison, écoute, une main posée sur la vérandah. Un craquement l'immobilise. Aucun bruit à l'intérieur, il compte les carreaux et commence à tailler son ouverture dans le cinquième. L'ouverture faite, il y regarde avec des précautions infinies. L'obscurité dans la pièce est complète. Il allonge une main armée du poignard tenu de manière à pouvoir palper. Son bras disparaît, le visage crispé, visible seul. Un clignement de paupières, un rictus de la bouche y marquent le coup frappé.)

HIROSHIMA, du dedans.

Holà ! qu'est-ce ? Murasaki, as-tu entendu ?

(Il écarte violemment la cloison et se trouve face
à face avec Endô, hagard, son poignard sanglant à
la main. Leurs yeux retombent presque en même
temps sur le corps immobile de Murasaki.)

HIROSHIMA

Murasaki !

(Cri affreux d'Endô. Il s'enfuit en brandissant sa
lame.)

HIROSHIMA

Murasaki !

(Il se précipite vers la lanterne de bronze, en
retire la veilleuse, y allume la mèche de sa propre
lampe et revient à la maison, où il se penche affolé
sur le corps.)

HIROSHIMA

Du sang ! Morte ! Morte ! Au secours !

(Il s'élance par la porte du fond et frappe la cloche
à coups redoublés, puis revient se pencher sur le
corps, regarde dans les yeux encore ouverts, touche
la blessure d'où le sang coule encore. Apparaissent
le Moine et Usugamo.)

HIROSHIMA

On l'a tuée !

LE MOINE

Tuée ? C'est impossible ! Qui ?

HIROSHIMA

Je ne sais pas. Un inconnu. Il s'est enfui... là-bas...
(*A Usugamo.*) Elle est morte !

USUGAMO

Non, non. Vous verrez. Ah ! pauvre poitrine. Murasaki! Il faut appeler, appeler les morts. (*Très haut.*)
Murasaki ! Murasaki! Mais appelez donc!

HIROSHIMA

L'homme, là... l'homme !

> (Il va pour bondir au dehors. Le moine le retient.
> Entre Endô, le poignard sanglant à la main, l'air
> égaré.)

ENDÔ

Laisse-le venir, moine, c'est lui que je voulais
tuer. Maintenant il faut qu'il me tue, et très vite. Elle
l'aimait! Comme elle l'aimait! (*Il grince des dents.*)
Ah! tue-moi vite ou j'aurai trop envie de te tuer
encore... (*Regardant le corps.*) Là, sous le couteau, à
sa place! comme elle m'a menti! Que n'aurais-je fait
pour elle! Mais assez, tiens, prends. (*Il tire un sabre
de sa ceinture.*) Ma chair se jette au-devant de l'acier.
(*Montrant l'arme.*) Une lame de Nara, ça se voit, cent
ans de trempe, ce sera plaisir pour toi de faire voler

cette tête affreuse qui ne veut plus de son cœur...
Frappe! Frappe? (*Il hurle et tombe à genoux, le cou
tendu.*) Va! qu'attends tu pour frapper?

> (Hiroshima a pris le sabre, dont il laisse lente-
> ment la pointe retomber vers la terre.)

HIROSHIMA

Moi, moi, tuer un homme qui l'aimait!

> (Les deux hommes cachent leur visage. On entend
> la psalmodie, le gong et le tambour lointain des
> Matines bouddhiques, tandis que le premier rayon
> du soleil levant vient frapper les fleurs roses des
> cerisiers.)

LE MOINE

Tous deux, cœurs déchirés, jouets du désir et de
la douleur, écoutez celle qui est entrée dans la paix.
Il n'est plus pour vous de repos parmi les hommes.
Tondez vos fronts, revêtez la robe jaune, remettez-
vous à la miséricorde du divin lotus de la Bonne-Loi
de celui qui songe et pardonne. (*Montrant le monastère.*) Voici sa maison et son serviteur, votre père.
Soleil, miroir de sa face, douces fleurs pareilles au
cœur du Nippon, que jamais le cœur du Nippon
n'oublie, tant que votre beauté lui dure, le grand
amour de Késa.

> (Les deux hommes tombent à genoux.)

LA NUIT DU TAJ

Hélas ! que le printemps s'effeuille avec la Rose,
Que le livre soit lu de la jeunesse close !
Le Rossignol qui dans nos bois chantait,
D'où venu ? Vers quels soirs envolé ? Qui le sait ?

Omar Kheyyam.

PERSONNAGES

L'empereur Shah Jehan.
Malundevi Begum.
Gulaba Begum.
Jean de Jarnac.
Sadullah, eunuque.

LE HAMMAM DU PALAIS DANS LE FORT D'AGRA

Petite salle revêtue de marbre blanc, de jaspe, agate, lapis,
cornaline, etc... Bassin où passe un filet d'eau. Lourde portière de cuir brodé à gauche, accédant au hammam, dont la
pièce présente est l'antichambre. Au fond, porte conduisant
au zénana et au palais. A droite, les doubles battants d'une
porte cloutée s'ouvrent en perspective sur l'intérieur d'un de
ces puits à galeries sculptées où les princes d'Hindoustan
avaient coutume de se réfugier avec leurs femmes, loin des
chaleurs. Une chaîne verticale, dont on n'aperçoit pas les
extrémités, y pend. La lune au zénith sabre d'ombres la
paroi du puits et la spirale douce du plan incliné qui descend
jusqu'à l'eau souterraine.

A gauche, près de la porte du hammam, une arcature forme
cavité. C'est par là que les ordres sont jetés aux chauffeurs
des bains, naturellement bannis du Gynécée. A gauche,
alvéoles dans le marbre, où serrer voiles et bijoux, l'entrée
tr op étroite pour admettre une main d'homme.

SCÈNE PREMIÈRE

GULABA et SADULLAH, LE PETIT EUNUQUE

(Ils entrent, venant de zénana.)

GULABA, l'air inquiet.

Il a dit : ici ?

SADULLAH, narquois.

Il a dit : ici.

GULABA

Dans le hammam ?

SADULLAH

Dans le hamman.

GULABA

Il est là ?

(Elle montre la porte du bain.)

SADULLAH

Dans la salle des cyprès de jade, la troisième... Il mange un melon et... — chut ! car le Prophète pourrait entendre, — il boit du vin jaune avec le jeune seigneur firinghi...

GULABA

Ah ! (*Feignant l'indifférence.*) De qui parles-tu ?

SADULLAH

Mais du cavalier venu avec Austin de Bordeaux, avec l'illustre architecte de cette tombe entre les tombes que le padischah bâtit à la sultane morte. Grande faveur que fait à ce petit Roumi le Seigneur de l'Heureuse Conjonction, ton père !... Mais apporter du vin jaune et s'y connaître en pierreries, cela fait deux titres entre tous à sa ferveur... (*Avec une modestie bouffonne.*) Après l'esprit, naturellement.

GULABA

Du vin !... qu'il fait chaud !...

SADULLAH

Chaud? Ce n'est rien encore... Veux-tu que je crie
au chauffeur d'ajouter du bois ? (*Montrant la cavité
de gauche.*) C'est mon ami. Et le padischah n'est
heureux que lorsqu'on y cuit, dans ses bains. D'ailleurs, l'eau fraîche du puits est là, tu as toujours la
ressource de plonger.

GULABA, préoccupée.

Comment m'a-t-il demandée, dis-moi, petit Shaïtan ?

SADULLAH

Comme un sorbet quand il a soif. Tout de suite.

GULABA

Que faisait-il ?

SADULLAH

Je le massais après le bain. Le jeune Firinghi lui
parlait des images taillées et peintes à la manière des
infidèles (qu'Iblis confonde), mais le padischah n'écou-
tait guère... puis l'eunuque chauve s'est mis à lire
des ghâzels persans. Alors, — ah ! tu aurais ris, — la
Coromandli...

GULABA

La Coromandli ?...

                              (Elle crache.)

SADULLAH

Oui, la Coromandli (*Il crache en l'imitant.*) est entrée en marchant sur les mains.

GULABA

Ce n'est pas ce que je te demande.

SADULLAH, taquin.

... Avec une fleur de souci jaune entre les orteils, qui se balançait...

GULABA, s'impatientant.

Après ?...

SADULLAH

Le Roumi en louchait !

GULABA

Veux-tu me répondre, serpent ?...

SADULLAH

Et même l'eunuque chauve. Mais le padischah regardait toujours en l'air et je faisais craquer tout doux ses orteils immortels à lui, parce que je voyais que l'ennui était sur sa face.

GULABA

Et c'est alors qu'il t'a dit ?...

(Un temps.)

SADULLAH

Rien. Non. (*Il la nargue.*) Attends le plus beau !
J'ai pris le turban du poëte chauve et j'en ai coiffé
tout à coup le ventre en l'air de la Coromandli. Et
ça a fait tout à coup un pantin très comique, ce turban vert, ces deux longues jambes qui offraient des
fleurs et contre terre, une bouche en colère qui m'ap-
pelait effrit et chien ; tout sens dessus dessous, rien
où il fallait : tu aurais ri, comme ont ri le Roumi et le
padischah ! Et c'est le poëte et la dame à l'envers qui
ont été fouettés ! parce que Shah Jehan, notre maître,
(*Avec des intonations de héraut d'armes.*) le pied sur le
cou des peuples, firmament de la foi des purs — sur
lui la lumière et la paix ! — est juste !

GULABA

Tout t'est permis, bouffon.

SADULLAH

C'est vrai. Ménage-moi ! Car il n'avait pas fini de
bâiller après avoir ri, qu'il m'a dit : « Je souhaite
Gulaba Bibi à l'instant, dans la première salle du
hammam. Porte-lui mon désir, perle des gardiens de
mes volières, perroquet du bien dire, mains plus
légères que les saules sur les rivières du Kashmir...
Tout cela !...

GULABA, suivant sa pensée.

Il boit du vin, dis-tu ?

SADULLAH

Tu m'interromps. Tu ne sauras rien.

GULABA

Chien !

SADULLAH

La Coromandli me l'a déjà dit... et on l'a fouettée !...

GULABA

Oses-tu !... Le padischah saura...

SADULLAH

Il est mon maître.

GULABA

Il est mon père.

(Elle fait un pas en avant.)

SADULLAH, ricanant.

Ton père ! En est-il sûr ? (*Il se sauve dans l'embrasure du couloir qui aboutit au puits.*) Mais voici, par Krishna, dieu des justes noces, la personne la mieux renseignée sur ce point délicat, ta mère, la Rajpoutni, orgueilleuse d'un illustre sang, pour qui le reste de Delhi et du monde est comme la fiente des chevreaux.

(Malundevi, apparue à la porte du zénana, demeure dans l'embrasure, interloquée par ce discours inattendu qu'elle écoute, les sourcils levés.)

SADULLAH

Ha ! ha ! ses yeux sont deux tisons sous deux
arches, et le vent de mon éloquence souffle dessus.

MALUNDEVI, hautaine.

Qu'y a-t-il ? Que débite cet eunuque ?

SADULLAH

Ho ! ho ! ces dames du haut pays !... Ecoutez
comme cela sait parler... C'est sur ce ton, sans doute,
qu'elle a permis au Roi des Rois, ce Tartare de
mince aloi, ce mlech nourri de vache, de lui défaire
son corselet...

MALUNDEVI

Il est fou !

GULABA

Je le ferai jeter aux fossés du fort.

SADULLAH

Non, tu ne feras pas ça... Ménage-moi, te dis-je.

MALUNDEVI

Ça n'est pas plus haut que mon houka, ça n'a pas
de caste, pas même de... Les crocodiles n'en vou-
dront pas, et il faudra l'enterrer, visage en bas,
comme les balayeurs et les laveurs de morts.

SADULLAH, venimeux.

Tout le monde ne peut pas avoir une tombe à
cinq dômes de marbre comme la sultane Mumtaj
Mahal !... Celle-là, notre seigneur l'aimait, comme la
plus belle et la plus fidèle, celle-là... le joyau qu'on
ne trouve qu'une fois...

> (Les deux femmes font un mouvement simultané
> vers l'eunuque, qui s'enfuit en riant. On le voit
> monter dans la spirale du puits, d'où il crie, les
> mains en porte-voix...)

SCÈNE II

MALUNDEVI, GULABA

MALUNDEVI

Qu'y a-t-il ? Comment ose-t-il ? Que lui as-tu fait ?

GULABA

Rien, mère, rien.

MALUNDEVI

Le padischah tolère-t-il ?... Je vais lui dire... Mais
toi ici ? Comment à cette heure ?

GULABA

Cet esclave m'a porté l'ordre de l'empereur.

MALUNDEVI

Comme à moi. Nous deux... ensemble... Qu'est-ce ?

GULABA

Pourquoi, mère, ai-je peur ?

MALUNDEVI, souriant.

D'abord, parce que le sang de tes veines n'est pas rajpoute tout entier. Et puis, de quoi peur ?

GULABA

T'a-t-il longtemps aimée, mère ?

MALUNDEVI

Que me demandes-tu ?

GULABA

Si tu le suppliais, t'accorderait-il une chose ?

MALUNDEVI

Pas plutôt qu'à toi.

GULABA, avec trouble.

Oh ! ça ne peut pas être moi !...

MALUNDEVI

Il t'aime.

GULABA

Il m'aime ? J'ai peur que non ; son regard qui me suit est lourd.

MALUNDEVI, brusquement.

Tu plaisantes. As-tu vraiment remarqué ?... Bah ! quelle folie ! Je devine. (*Avec une gaieté fiévreuse.*) Gageons qu'il va... Donne-moi les dés.

GULABA

Les dés ?

MALUNDEVI

Oui, ceux de jade à points d'émeraude, c'est de meilleur augure. Vite. Nous saurons s'il s'agit d'un roi pour ta main.

GULABA

Oh ! ce serait terrible !...

(Elle se jette dans ses bras.)

MALUNDEVI

Mais, qu'est-ce, enfant bien-aimée ?

GULABA

Ne me laisse pas partir, mère.

MALUNDEVI, caressant ses cheveux.

Oui, les petites filles disent cela...

GULABA

Tu n'aurais pas de peine ?

MALUNDEVI

On n'a que des peines, ma Gulaba, trop près des rois... Pour une femme de notre terre et de notre sang, quand son père ne l'a pas étranglée en naissant, vivre, c'est le cachot, être veuve, le bûcher, et il reste encore le temps de voir s'entr'égorger les fils qu'on a portés ou s'en aller à jamais l'enfant la mieux aimée. (*Elle la serre passionnément.*) Cela, peut être, c'est le pire...

GULABA

Veux-tu me garder toujours ?

MALUNDEVI

Le voudrais-je, je ne pourrais.

GULABA

L'Empereur ne te refusera rien. Qui a-t-il aimé comme toi ?

MALUNDEVI

Je l'ai suivi pauvre, banni, c'est vrai. Mais il a oublié cela dans le sein de mille autres.

GULABA

Non, tu es la plus belle encore, nulle ne t'égale devant son cœur.

MALUNDEVI, mélancolique.

Crois-tu ?

GULABA

Je sais ! Oui, tu penses à la Persane, celle du tombeau insolent qu'il inaugure demain. Il ne l'a fait bâtir que pour étonner la terre.

MALUNDEVI

Il y dormira près d'elle.

GULABA

Tu vois, tu le dis, c'est pour lui, ce n'est pas pour elle que les maçons crèvent de fièvre et que les prêtres de sa foi nasilleront vers le couchant. Elle, c'est l'amour... officiel, la fécondité récompensée. Elle lui a donné sept enfants !... Ça vaut un dôme ! Toi, tu t'es gardée belle et désirée, tu ne lui as donné que moi.

MALUNDEVI

Toi... (*Changeant de ton.*) C'était un enfantillage, tout à l'heure, à propos de sa manière de te regarder ? Oui, n'est-ce pas ? Il faut être très tendre avec lui, Gulaba.

GULABA

Comme tu l'as aimé, toi aussi !

MALUNDEVI

Uniquement. C'est vrai. Les dieux le savent, eux, au moins.

GULABA

Lui aussi le sait ?

MALUNDEVI

Ah ! Tu ne le connais pas ! Il a tout et il est possédé par la folie de tout réduire à rien. Ce qu'il aime, il le caresse, il l'use, il le creuse jusqu'au cœur de cendre qu'on trouve en toutes choses — à force de l'y cacher.

GULABA

Ton cœur à toi n'est pas de cendre. C'est le diamant pur de son souvenir. Que de fois ne l'a-t-il pas célébré ! C'est toi qu'il aime, c'est à toi qu'il ne peut rien refuser. C'est en toi que j'espère seule.

MALUNDEVI

Je ne te comprends pas. Quel mauvais rêve as-tu fait ? enfant chérie, dis-moi...

GULABA

Je n'ai pas le courage... Pourtant, s'il allait être trop tard...

MALUNDEVI

Parle. Le padischah peut venir. Tu m'effraies.

GULABA

Jure de me pardonner. Je n'ai que toi.

MALUNDEVI

Ah ! (*Elle la serre sur son sein.*) Et moi, qu'ai-je donc ?

GULABA, le doigt levé vers la porte du hammam.

On vient !...

(Elles s'écartent. Malundevi va soulever la portière.)

MALUNDEVI

Non, personne encore.

GULABA

Mère, je ne veux pas partir, ni jamais te quitter, parce que... ah !... j'ai fait comme toi... Lui aussi est pauvre et banni... et n'a pas nos dieux...

MALUNDEVI

Qui ? Que veux-tu dire, malheureuse ?

GULABA

Je l'aime comme mes yeux, comme toi-même ! J'ai peur qu'un mal lui arrive, j'ai peur... Et mon père me hait...

MALUNDEVI

Mais qui ?

GULABA

C'est un prince en son pays... ne crains rien. Tu me maudis ? Tu me pardonnes ?... Je l'aimais trop.

MALUNDEVI

Tu le lui as dit ?...

GULABA

Sur sa poitrine.

MALUNDEVI

Toi ? Où vous voyez-vous ?

GULABA

Ici.

MALUNDEVI

Folie ! Dans le zénana ! C'est la mort que tu veux !
La mort certaine... Comment peut-il entrer ?

GULABA, montrant la cavité.

Par là. La nuit. Le chauffeur aveugle est gagné.
La grille d'en bas descellée...

MALUNDEVI

Son nom enfin ?...

(Entre Jean de Jarnac. Gulaba étend la main vers
lui, pousse un grand cri et défaille dans les bras de
sa mère qui, en la recevant dans ses bras, élève son
voile devant leur groupe enlacé, cachant leurs deux
visages au jeune homme. Il a aussi retenu un cri...
Paraît Sadullah, essoufflé, entrant derrière lui.)

SADULLAH

Arrête, seigneur infidèle!... Tu violes le harem...

> (Les femmes reculent, la mère portant sa fille dans un de ses bras, tandis que, de l'autre, elle protège leurs visages du regard de l'étranger, et disparaissent par le couloir aboutissant au puits à galeries.)

SCÈNE III

JEAN DE JARNAC, SADULLAH

JEAN

Le padischah lui-même m'a dit de passer en avant... Gulaba! qu'a-t-elle?

SADULLAH

Arrête, te dis-je! Le padischah est ivre. A jeûn, il nous ferait, pour moins que cela, plier sous les pieds de son éléphant. Heureux qu'elles soient parties!... Et le voici!

> (Entre Shah Jehan.)

SCÈNE IV

LES MÊMES, SHAH JEHAN

SHAH JEHAN

Eh bien ? les Sahibas ?

SADULLAH, montrant l'issue par où elles sont disparues.

Là, Seigneur, dans les galeries du puits. Ta Hautesse ne pouvait désirer qu'en leur présence un homme, un étranger...

SHAH JEHAN

Bien, bien ! Je t'enverrai comme camarera mayor à la reine d'Espagne par le bateau qui viendra chercher ses Jésuites... Viendra-t-il jamais, hélas ! (*A Jean.*) As-tu regardé l'entrée ? (*Il lui désigne un motif de pierres incrustées sur la plinthe d'un mur.*) Je voulais te montrer les fleurs que j'ai fait peindre là et dont je ne puis te dire le nom dans la langue de ton pays, jeune Sahib. Vois dans ces arcatures.

JEAN

Des iris, Majesté !

SHAH JEHAN

En avez-vous en Franghistan ?

JEAN

Si nous en avons ! Juste à présent, ils doivent fleurir sur la terre, le long de la Charente, dans le vieux jardin de ma mère...

SHAH JEHAN

Tu les aimes aussi ? Quand nous arrivons en Kashmir, c'est leur saison. Ils sortent partout de terre, ils couvrent jusqu'au chaume des maisons. Je me suis réveillé là-bas, une fois, étendu sur l'herbe fine et, plus haut que mes yeux, des hampes d'iris blancs m'enfermaient en un cercle, et je voyais l'horizon au travers. Dis à ton compagnon, le ciseleur de pierre, de figurer en marbre quelque chose de pareil, un treillis de fleurs sculptées, comprends-tu? entourant la tombe. Je voudrais me ressouvenir toute l'éternité de ce matin-là.

JEAN

Austin saura ton désir, Seigneur. L'idée est belle. On pourrait, par endroits, mêler des sentences, — c'est la grande vogue italienne. Maître Pierre Lescot, lui-même, y sacrifie au château d'Anet.

SHAH JEHAN

Il y a des choses auxquelles les mots n'ajoutent rien, poëte. Crois-en un roi. Et louées soient ta courtoisie, ta mine et les vignes de ton pays !

(Jean de Jarnac sort. Entrent Malundevi et Gulaba.)

SCENE V

SHAH JEHAN, MALUNDEVI, GULABA

SHAH JEHAN, aux femmes.

Salaam !

LES DEUX FEMMES, inclinées.

Ram, Ram ! Présence bénie !

SHAH JEHAN

Tu es pâle, ma Gulaba... As-tu trop chaud, enfant ?... (*Elle fait signe que non.*) Pour moi, il fait bon.

> (Il enlève l'espèce de draperie qui l'enveloppe et la jette à terre. Il est vêtu de cachemire blanc immaculé, uni. Un seul bouton, formé d'un gros rubis « sang de pigeon » ferme, sur le sein gauche, sa robe ajustée. Pieds nus. L'ennuque l'aide à s'installer sur le trône bas, carré, aux traversins de drap d'or.)

Venez près de moi, toutes deux, ô ce que j'ai de plus cher ! Le reste du monde m'ennuie ce soir, si fort, si fort que je le punirai. Cherchons comment ! (*Elles s'assoient par terre près du trône.*) Plus près... (*Apercevant le pied de Gulaba.*) Oh ! c'est donc la mode, le henné si rouge cette saison ? ces ongles au bout de ton pied, — il a une forme parfaite, ton petit pied, Gulaba. On dirait sur le marbre blanc cinq petites fleurs de sang. (*Comme s'arrachant à une obsession.*) Fondrons-nous sur Golconde ? Le régent me brave et il tuera le petit sultan à force d'opium et de concubines portugaises. Une campagne, ce serait bien ! On part à l'aube, le sang est agile ! Lève la main, Gulaba, et je fais à l'instant sonner le grand tambour de, guerre de l'ancêtre Timour, — que sa tombe soit toujours parfumée ! Tu seras sur mon éléphant... Un vaisseau sur la mer, voilà Moti-Guj.

GULABA

Seigneur très clément, mon père, ton éléphant a naufragé ta servante dans un trou de neige sur la route de Kashmir, l'autre année... et depuis, il me déteste, il me croit le mauvais œil.

SHAH JEHAN

Tu ne veux pas ? Tu parles contre Moti-Guj, contre ma perle noire ? Rappelle-toi : aime-moi, aime mon éléphant !... Soit ! Epargnons Golconde ! Aussi bien, ce serait toujours la même chose : on se battra, les bombardiers firinghis trahiront pour quelques roupies, et leur tapage donne des cauchemars à Moti-Guj, qui n'aime pas d'ailleurs les cannes à sucre de Deccan ; il faudra ramener ce vieux régent chargé de chaînes d'or qu'il ne vaut pas, livrer ses antiques épouses aux balayeurs qui les violeront par politesse, et découvrir que le fameux saphir — la seule chose du trésor qui mérite le voyage — est en verre bleu !... Non ? Magnanime Gulaba, tu as sauvé Golconde. Bois à ta clémence !

(Il la fait boire au gobelet qu'il prend ensuite,
puis tend à Malundevi.)

Alors, la bataille et la gloire, c'est trop peu pour vous, mes reines. Je sais ce que vous voulez : être

déesses, peut-être ? Suleiman le Juif, — sur lui
lumière et paix ! — adorait les dieux de ses femmes.
C'est bien ; mais Akbar, mon aïeul, plus sage que
Suleiman, se proclama dieu lui-même. Dieu !... Cela
simplifie tant de choses, Gulaba! Je ferai comme lui.
La graine des dieux n'est pas perdue... Ce n'est pas
comme celle des melons de Kabul. (*Il crache le melon
qu'il a porté à sa bouche.*) L'esclave qui m'a choisi
celui-là n'essaie pas de me voler sa grâce !... Ah ! il
n'y a plus rien... même plus de bons melons ! Un
soir de bataille, au pied d'une montagne de têtes cou-
pées ennemies, mon aïeul Baber, dans ces plats pays
d'Hindoustan, respira un melon de Kabul et, pensant
aux montagnes, pleura !... Nous aurions été heureux
au Kashmir cette année, Gulaba. Ah ! la source de
Vernag, le matin rose sur les neiges, à travers les
pommiers fleuris !... Comment s'appelle votre déesse
sur son lotus, que les éléphants sacrés arrosent ?...

GÛLABA

Lakshmi, seigneur infidèle...

SHAH JEHAN

Lakshmi, fille idolâtre ! Tu seras Lakshmi parmi
les lotus des lacs là-bas, veux-tu ? Ou la vierge des
Firinghis, ah ! cela, tu aimerais ! la Bibi-Miriam, le
pied sur le serpent. Le serpent, c'est moi, si tu veux...
Cela fâcherait encore plus les bons pères Jésuites

que le jour où j'ai pendu la cloche de leur chapelle
au cou de Moti-Guj...

GULABA

Je mourrais d'ennui si tu me faisais déesse. Tant
de prières à quoi répondre !

SHAH JEHAN

Vraiment, si difficile à distraire ?... Ni les tambours
de guerre, ni les fontaines de Kashmir, ni les harpes
des Apsaras, des houris et des anges dans le paradis
que je vous offre ?... Que me reste-t-il à offrir ?... On
a beau avoir l'habitude des femmes...

GULABA

On est bien ici.

SHAH JEHAN

Tu le veux ? Alors, restons. Renvoyons les autres
qui m'ennuient et restons tous trois. En somme, je
ne veux que vous. Vous êtes un bonheur passé, qui
continue. Je t'ai tant aimée, Malundevi, dans notre
île d'Oudeypore, lorsque nous étions jeunes et déshé-
rités. Tu es toujours pareille, et mon cœur aussi...
Mais, de peur que pût changer l'un ou l'autre, Gulaba
est née. C'est un beau miracle... Avoir fixé l'amour...
Ah ! je devrais être moins triste... Je voulais vous
voir pour vous dire cela et que je suis las de tout le
reste. (*Il étire ses bras*). Ah !... prodigieusement !...

J'ai besoin d'un peu d'impossible, voilà — gros comme
ton grain de beauté d'impossible, Gulaba. Raconte
quelque chose, une histoire de revenants, celle du
Dund, le cavalier sans tête, ou non, quelque chose de
gai, plutôt : l'histoire du poisson qui a ri quand il
était mort. Il ne faut pas être triste, mais faire comme
le poisson : rire même quand on est mort. Viens plus
près. (*La jeune fille se lève, son sari glisse et décou-
vre sa poitrine. Shah Jehan, d'une voix altérée.*) Va
chercher ton luth, Gulaba, je veux parler à ta mère.

SCÈNE VI

SHAH JEHAN, MALUNDEVI

SHAH JEHAN

Qu'elle te ressemble, ô Malundevi !

MALUNDEVI

Mon père, à moi, ne m'avait pas faite si belle.

SHAH JEHAN

Son père à elle... C'est de moi que tu parles ?

MALUNDEVI

Mon seigneur plaisante un peu durement ce soir.

SHAH JEHAN

Oh ! Oh ! l'orgueilleuse ! Ecoutez-la ! Mais le
penses-tu, en vérité, qu'elle me ressemble ?

18

MALUNDEVI

Elle te ressemble quand tu es juste et quand elle est heureuse, pauvre enfant.

SHAH JEHAN

Oh ! tu étais plus belle, Malundevi, deux fois belle ! Comme le premier grand désir qu'on éprouve, et comme le premier grand désir qu'on éveille. Tu m'as aimé, il y a vingt ans, ne sachant de moi qu'une chose : que j'étais sans nom, sans terre, sans espérance, haï de mon père, guetté par le poignard de mes frères, que me suivre c'était la folie, et m'aimer, la mort. Tu m'as aimé, je crois. Cela, ce doit être aimer ?... Je te dois le rêve d'avoir été aimé une fois. Sais-tu quel trésor unique c'est là ?... Oui, n'eût-on fait que rêver...

MALUNDEVI

Seigneur bien-aimé...

SHAH JEHAN

Tu as toujours répondu ainsi : Seigneur bien-aimé. Courtoise et pareille toujours. Dis des mots que je ne connaisse point, Malundevi. Un si grand souvenir est riche de tant de paroles ! Je t'en ai inventées, moi, tous les jours, de nouvelles.

MALUNDEVI

Je me souviens de toutes.

SHAH JEHAN

C'est bien. Il faut se souvenir, thésauriser ses souvenirs. L'oubli, le moindre, est un acompte donné à l'archange noir. Tu es debout dans ma mémoire comme la statue parfaite du jeune amour. (*Malundevi incline la tête sur sa main et la baise.*) Ah ! je la vois ! (*Les yeux de Shah Jehan sont fixés sur la place que Gulaba vient de quitter.*) Je la vois... Tiens... mais c'est son écharpe qu'elle a laissée là.

MALUNDEVI

Quoi, Seigneur ?... Ah ! Gulaba... Pauvre petit oiseau...

SHAH JEHAN

Tu l'aimes aussi ? Elle est entre nous, comme une fleur fraîche dans un poëme bien des fois lu. Elle est le signet parfumé à la page de la jeunesse. (*Un temps.*) Le livre seul est immortel. Quant à la fleur, grâce d'un instant, qu'importe où jetée (*Plus lentement*), qu'importe où cueillie ?...

MALUNDEVI

Que dites-vous, Seigneur ?

SHAH JEHAN

C'est si haut la reconnaissance d'un grand amour ! On en domine toute la vie d'indulgence et de pardon. Rien, contemplé de si haut, n'est triste ni vil.

MALUNDEVI

Je ne comprends pas toutes tes paroles.

SHAH JEHAN

Quand, de la dernière terrasse de la Porte des Victoires, à Fattehpore Fikri, je regarde ces plaines d'Hindoustan qui sont à moi pour une heure, tout se fond : les ruines de treize cités, les fleuves lointains, les moissons vertes qui germent de la cendre des peuples, tout s'estompe en quelque chose de très vaste, de très pitoyable, de très divin et de très fraternel, la vie, sur lequel l'horizon indéfini referme sa grande étreinte miséricordieuse. Il est des minutes où l'on jette sur les temps écoulés un regard pareil, minutes solennelles où l'on est plus qu'un homme (*Comme à part.*) ou moins... Je suis dans un de ces moments, Malundevi, et si tu as un aveu ou une prière à me faire, je t'écouterai, amolli et tout ensemble fortifié de tendresse... Ah !... qui donc, hélas ! qui donc n'a besoin de pardon ?...

MALUNDEVI

Maître, en ta bonté infinie... je tremble...

SHAH JEHAN

Trembler !... Pourquoi, Malundevi ? Que puis-je de plus pour te rassurer ? N'aie nulle crainte. J'avais raison, n'est-ce pas ? Tu as quelque chose à me con-

fier. Divinations étranges qu'Allah nous envoie !...
Ah ! nous sommes tous fragiles et coupables.

MALUNDEVI

Rien ne t'est donc caché, maître ? Comment se
peut-il, cependant ?

SHAH JEHAN

Faut-il être si sage pour savoir que la jeunesse
est sans force contre elle-même ?

MALUNDEVI

Ah !

SHAH JEHAN

Et si magnanime pour lui pardonner ? (*Avec un atten-
drissement voluptueux.*) Petite Gulaba...

MALUNDEVI

Tu l'aimes encore! Tu l'aimeras malgré tout ?

SHAH JEHAN

Rien ne peut me la rendre étrangère.

MALUNDEVI

Merci, merci, maître. Esclaves indignes que nous
sommes. Combien tu es plus grand que nous ! Mais
qui t'a dit?

SHAH JEHAN

J'avais depuis longtemps compris, Malundevi.

MALUNDEVI, avec une stupeur qui devient angoisse
pendant le discours suivant.

Depuis longtemps?

SHAH JEHAN

Tu te rappelles, quand je suis parti ce matin-là, d'il y a seize années, pour soumettre le Deccan rebelle, forcé de te laisser en Rajpoutana, parmi les tiens... les tiens !... ne pâlis pas ainsi... mes yeux ont emporté de toi une vision si radieuse qu'elle en était torturante. Tant de beauté si fièrement épanouie, cela ne pouvait pas se verrouiller derrière les portes d'un zénana. J'ai souffert alors. On est fou à cet âge. J'ai dans l'oreille encore le galop de mon escorte, — de beaux jeunes cavaliers de ton sang, — dans les défilés de l'Aravali, comme ils tâchaient de rallier ma fuite furieuse, eux qui retourneraient vers toi... La jalousie m'a tenaillé toute cette campagne. Sous la tente, au combat, jusque sur les gorges des sultanes du Carnatic. Le soir du sac de Vijapour, j'étais ivre de victoire et de souffrance, d'un besoin de viol et de massacre, et la pensée de toi courait devant ma dévastation, comme une torche qu'on secoue ! Gulaba est née une de ces nuits-là... (*Malundevi, prostrée par la stupeur et l'horreur, fait un mouvement que réprime un geste de Shah Jehan.*) Tais-toi, je ne te demande pas le nom de l'homme. Peu importe à présent.

MALUNDEVI

Il n'y a pas d'homme, pas de nom, nul ne m'a tou-
cbée que toi.

SHAH JEHAN

Trop tard ! Ne nie pas. Par orgueil ou par peur, tu
tâches de te reprendre : silence ! qu'avais-tu donc à
m'avouer tout à l'heure ? Parle. Pas de détours... Ah !
tu te tais ! Tu trompais mieux naguère. Tais-toi. Cela
vaut mieux. Puisque je pardonne... Et puisque je sais...
puisque mon doute était né avant ta fille, puisqu'il a
grandi en même temps, pareil à un jumeau plus dru...
Oui, toujours, il y a eu dans mon affection pour elle
ce même mélange affreux d'ivresse et d'angoisse...
elle m'apparaît à l'aurore de sa vie, comme tu m'ap-
parus ce matin-là, tournée vers l'horizon du Deccan,
où s'enfonçait une route furieuse, trop belle... (*Avec
une ironie féroce.*) Mais je suis plus sage à présent.
Je ne pars plus. Je la tiens, ma belle proie, je l'ai
payée, oui, payée de la seule foi de ma vie, ma foi
en le passé d'amour que tu viens de détruire ; oui,
bien payée, et je reste, je ne la laisserai pas échapper.
Je la veux, je la prends. Je l'aurai.

(Silence foudroyé de Malundevi.)

. Tu te tais !... Tout était donc vrai ! Tu te tais !...
Ah ! qu'aurais-tu à dire ? Va la chercher. Lave-la,

pare-la, parfume-la, comme le jour où tu l'as faite...
sans moi, Malundevi!... Ah! que tu m'as menti!...

(La Rajpoutni relève la tête, le fixe, va parler,
mais sauvagement mord sa lèvre, baisse le front et
sort sans un mot.)

SCÈNE VII

SHAH JEHAN puis SADULLAH

SHAH JEHAN, seul.

Comme elle se tait!...(*Appelant.*)Sadullah!Ho! Sadullah!....Où est le chien?(*Frappant dans ses mains.*)
C'est vrai que j'ai renvoyé tous les autres... Sadullah!

SADULLAH, apparaissant dans l'orifice qui descend à la chaufferie
du hammam.

Pardonne, immortel Padischah. Voici ton esclave.

(Il saute dans la pièce.)

SHAH JEHAN

D'où sors-tu?

SADULLAH

D'en bas, ô Présence. Le chauffeur aveugle est mon
ami.

SHAH JEHAN

Tu sens la forêt.

SADULLAH

On brûle là-dessus tous les cèdres de l'Himalaya.
J'étais assis sur les fagots parfumés.

SHAH JEHAN

Les cèdres... Tu as l'odeur de ma jeunesse... peut-
être, comme elle aussi, tu mens ? Va chercher la boîte
du médecin firinghi.

SADULLAH, narquois.

Tu crains donc beaucoup qu'elle mente, ta jeunesse, ô Shahzada ?..

SHAH JEHAN

Prends garde, je ne suis pas d'humeur à rire, ce
soir.

SADULLAH

Je ne ris pas, certes. La puissance royale n'a pas
de gardien plus zélé que mon... humilité. La preuve,
c'est que l'étui sacré où tient cette puissance ne quitte
pas ma ceinture. (*Il fouille dans sa ceinture.*) Cela
t'amuse, hein ? Une sorte d'illusion que je me donne.
On se console comme on peut.

SHAH JEHAN

Cette odeur de mousse et de résine fait mal...
(*Secouant la tête.*) Je n'ai plus de jeunesse, bouffon.

SADULLAH, cherchant toujours.

Si, si, attends...

SHAH JEHAN

Je n'ai plus de jeunesse, elle est perdue, finie, souillée, — je l'ai vendue, — ses chaleurs, ses souvenirs, tant
de beaux jours, vendue pour une minute ! Celle qui
va venir... Une minute... La voici... et j'ai peur !

SADULLAH, rassurant.

Mais non, mais non, qui que soit l'adolescente,
elle louera en tes reins les miracles d'Allah, tu verras ! fût-elle juive, ou de ces Zanzibaris que servent
les singes sous leurs cocotiers.

SHAH JEHAN, suivant sa pensée.

Je n'avais plus que cela, ce souvenir. Sans doute,
l'autre, la mère de mes fils, pour qui on inaugu-
rera demain la plus belle tombe de l'univers, celle-là
fut irréprochable et douce. Mais celle-là ne m'avait
pas choisi. Choisi ! Je le croyais, du moins, car, à
présent, plus rien, Sadullah. Rien, je n'ai plus rien.

SADULLAH

Ombre de Dieu, c'est toi qui parles ?

SHAH JEHAN

Oui, moi, moi. Comprends-tu ? Il y a une heure,
une seconde, un zénith du temps où chacun de nous

commence à mourir. L'homme soudain est inégal à
la vie, son astre descend. Alors, pour se donner le
change, il se jette de l'amour à l'ambition, comme un
charretier fourbu jette, d'une ornière à l'autre, sa
roue gémissante ; artiste, il cisèle un mausolée ;
poëte, il élève son poëme au-dessus du flot qui le
recouvre, comme ce Portugais dont les padres d'Issa
m'ont parlé !... Mais, moi, le maître, plus grand qu'eux
tous, moi, que puis-je ? Rien. Rien ne me reste. J'ai
eu tout déjà, épuisé tout. La porte est murée... Il y
avait encore une chose, l'ombre d'une chose, un souvenir. Et je l'ai donné, vendu, lui aussi, je me le suis
arraché du cœur, Sadullah, et pourquoi ? Pour que
tout à l'heure, de jeunes yeux, une jeune bouche se
ferment d'horreur muette sous mon baiser qui n'est
plus jeune, mon baiser profanateur, indû ! Car le
crime, — il n'y en a qu'un au-dessus duquel ma grandeur ne me mette point, — le seul crime, c'est que la
jeunesse n'aille pas à la jeunesse, ne jouisse pas de la
jeunesse. Lâche, lâche, de n'avoir pas le courage, ni
la pudeur, ni la justice de s'épargner le plus à ce
qu'on aime le mieux !

SADULLAH

La jeunesse à la jeunesse ! Mais ce sont choses qui
arrivent. Pas besoin d'être le grand Mogol pour
mettre ça à la mode, ni d'aller si loin pour le voir...
S'il ne te faut que cela...

SHAH JEHAN

Veux-tu insinuer ?

SADULLAH

Rien, Padischah, rien. Je veux dire seulement que tu n'auras jamais rendu d'édit plus populaire et que tous tes sujets, peut-être, ne l'ont pas attendu...

SHAH JEHAN, le prenant brusquement par le bras.

Tu sais quelque chose. (*Plus doucement.*) Raconte. La vie est lourde et l'amour est amer. Consolons-nous à penser que d'autres le trouvent doux. Parle ! (*En le secouant, il fait tomber une pièce d'or de sa manche.*) Tiens, qu'est ceci ? Un mohur d'or ?

SADULLAH

Le chauffeur aveugle me l'a donné, Shahzada.

SHAH JEHAN

Comment ? Une monnaie étrangère ? (*Il l'examine.*) Où donc ai-je vu cette tête de bouc avec ce turban de laurier ? Ce n'est pas sur les ducats de Venise... Ah ! je reconnais... Le jeune Sahib m'en a montré. C'est son roi Henri le quatrième, de Franghistan, je crois. Mais Jarnac Sahib, seul, possède ici de ces roupies... C'est donc lui... Au chauffeur aveugle ?... Pourquoi ? L'esclave ne sort jamais du harem... Alors... (*Se levant et avec explosion.*) Que veut-on que je croie ?...

SADULLAH

Maître, pardonne, il n'a rien fait. S'il a fait quelque chose, il ne savait pas !... Ne le tue pas ! S'il a fait quelque chose...

SHAH JEHAN, menaçant.

S'il a fait quelque chose...

SADULLAH

En tout cas, il ne s'agit de nulle de tes femmes ! Nous sommes sans reproche !...

SHAH JEHAN, terrible.

Qui donc, alors ? Parle, parle. Ta vie n'est sauve qu'à ce prix.

SADULLAH

Ma vie ? Tu ne me tueras pas ?...

SHAH JEHAN

Je ferai d'abord fouler l'esclave aux pieds des éléphants. Son crime suffit. Tu ne le sauveras et toi-même qu'en parlant. Le nom de la femme ?

(Il l'étrangle à moitié.)

SADULLAH

Gulaba Begum... Lâche-moi... Ah ! Elle est prin-cesse, elle est ta fille, elle n'appartient qu'à elle encore, la faute n'est pas exorbitante... Du temps du

Padischah, ton père... il en est arrivé bien d'autres.
Ne sont-ils pas jeunes tous deux ?... Tu disais tout
à l'heure...

SHAH JEHAN

Tu as raison. Va chercher le Firinghi. Il n'a pu
quitter encore le bain. Surtout, ne lui dis pas pourquoi je le mande.

(Sadullah sort, comme Malundevi rentre.)

SCÈNE VIII

SHAH   JEHAN, MALUNDEVI

SHAH JEHAN, à Malundevi.

Seule ?

MALUNDEVI

Oui. Qu'attendais-tu donc de moi ?

SHAH   JEHAN

L'obéissance, Malundevi. Alors, pas même l'obéissance ?

MALUNDEVI

Le crime n'a pas le droit d'ordonner.

SHAH   JEHAN

L'adultère est bien fière.

MALUNDEVI

Je ne nierai même pas. L'orgueil sur ma bouche

est un bâillon, et je le mordrai à m'y casser les dents,
plutôt que de m'abaisser à te répondre. Tu ne sauras
rien.

SHAH JEHAN

Crois-tu ?

MALUNDEVI

Sinon que Gulaba t'attend, une coupe de poison à
portée de sa main.

SHAH JEHAN

Elle me hait tant ?...

MALUNDEVI

Honte ! Tu me fais horreur... Malheur sur ce palais !

SHAH JEHAN

Comme elle me hait ! Mais peu importe tout cela,
Malundevi, à présent... Allah qui m'aime, lui au
moins, m'offre l'occasion si rare de conformer mes
actes à mon intime foi, tout en acquérant un mérite.
Il faut l'en remercier. Respectons l'amour. Il est la
Loi. Courbons-nous, on me le conseillait tout à
l'heure. Ma clémence sera belle. Ta fille, elle aussi,
Malundevi, a subi le commandement de sa jeunesse.
Le savais-tu ? Qu'importe à présent ! Je vais réunir
ces deux enfants. Il me plaît ainsi. On amène ici le
jeune Franc. Que Gulaba, sans crainte, le vienne

rejoindre. Tu leur diras qu'ils soient heureux, que leur maître, désireux d'acquérir un grand mérite le matin d'un tel jour, les donne l'un à l'autre, dédie leur amour à l'Eternité fidèle... Tu trouveras les mots qu'il faut, Malundevi. Le scandale et le châtiment qui le suivrait ne s'éviteront qu'à ce prix. Adieu, il est temps que j'aille prier. Parle-lui, Malundevi, tu parlais bien...

MALUNDEVI

Elle est là, parle toi-même.

> (Elle sort et ramène immédiatement Gulaba dévoilée, au moment où Sadullah réapparaît, accompagnant Jean. Les amants répriment un cri de surprise et d'effroi en se reconnaissant, tandis que l'empereur recule jusqu'au trône comme s'il avait peur de leur couple.)

SCÈNE IX

LES MÊMES, GULABA, JEAN DE JARNAC, SADULLAH

SHAH JEHAN

Epuisez l'instant que je vous donne et que nul souci ne suivra jamais, beaux jeunes amants dignes l'un de l'autre. Je vous unis. En ce jour, que je sois nommé vraiment Seigneur de l'Heureuse Conjonction, à meilleur droit que pour la rencontre d'étoiles qui protégea mon berceau. N'ayez pas peur. Plus

que vous ne pensez, je vous aime. Que ce matin où
j'inaugure la tombe incomparable, le plus beau temple
qu'ait bâti l'homme éphémère à l'éternel amour, voie
le plus beau sacrifice d'amour qui ait jamais fumé
vers matin du monde... Qu'attendez-vous? Nouez vos
bras, collez vos lèvres, arrachez l'un de l'autre la joie
unique et le secret des secrets. Viens, eunuque ;
viens, femme. Hâtez-vous. L'oiseau du temps, dit le
poëte, n'a pas loin à voler, et il vole. Adieu, adieu.

(Ils sortent, laissant ensemble les amants.)

SCÈNE X

GULABA, JEAN, puis MALUNDEVI, SHAH JEHAN et SADULLAH

JEAN, avec élan.

Gulaba, ma rose, qu'il est bon ! C'est comme un
rêve, un miracle. J'aimerais être roi aussi, pour faire
des miracles. Est-ce bien toi ? sans voile, sans remords, sans peur ? Ris !... mais ris !

GULABA

Prends-moi dans tes bras, mon seigneur. Ris, toi,
ris très fort, réchauffe-moi de ta joie...

JEAN

Te réchauffer encore, Gulaba ? Mais on suffoque
ici, déjà !

19

GULABA

Que dis-tu ?

JEAN

Qu'on étouffe, que c'est trop. Ah ! si je te tenais en Saintonge, auprès d'un moulin que je sais, dans les osiers verts, à regarder filer les ablettes parmi les herbes dans la rivière fraîche !... Elles ondulent toujours, nos herbes de là-bas. Elles te ressemblent. Nous serions si bien, loin de cet air au goût d'étoupe et de cette poussière couleur de sang... Viens, partons, il t'a donnée à moi. La mousson nous portera comme des plumes, en France. Je veux que, dans six mois, tu danses le passe-pied au poing de monsieur le Sénéchal, en son logis de Cadillac.

GULABA

Tu es fou. Je t'aime ! Il m'a donnée à toi !... C'est vrai... C'est terrible...

JEAN

C'est superbe ! C'est royal ! Tu ne me trouves pas digne, sans doute. Eh ! moi non plus, perle incomparable, si riche d'amour que je sois pour te payer ! Mais quoi d'étonnant ? Le maître agit en maître. Eblouir et combler, voilà ce qui plaît aux dieux.

GULABA

Si tu savais...

JEAN

Je sais que tu es là, que je te tiens, que tu es mon bien et que nous sommes dans la parole du maître comme dans une citadelle. Quoi de plus ?

GULABA

Tu ne le connais pas.

JEAN

Je le connais. Il aime étonner, surpasser tout espoir, foudroyer de magnificence, écraser de libéralités. J'ai là, figurée en émail limousin au pommeau de cette dague, une Sémélé, Gulaba. Tu ne connais pas cette princesse ? C'est vrai. Elle voulut voir en sa gloire le dieu qu'elle aimait et sa splendeur se consuma comme un feu... Qu'il fait chaud ! Cela augmente... (*Il essuie son front.*) Tu vas mourir comme Sémélé, Gulaba, d'avoir vu l'Amour.

GULABA

Pourquoi ont-ils fermé la porte qui mène aux puits?

JEAN, y allant.

C'est vrai. (*Ecoutant.*) Mais, de ce côté, quelqu'un approche.

(Par la porte venant du Zénana, accourt Malundevi.)

MALUNDEVI

Partez ! Malheureux ! Partez ! Vous allez mourir.

On chauffe le hammam. Ils jettent des cèdres entiers
dans la fournaise. Vous allez mourir ici. Le tigre se
venge.

> (Les portes se referment avec fracas sur elle. On
> entend les barres qu'on pousse.)

Et me voilà perdue aussi! Horreur ! Folie ! De l'air !
Toi, Gulaba, cette mort hideuse !...

JEAN

Traître ! Bourreau ! Abominable race... Ce n'est pas
possible... Comme un rat dans un four ? Non, non,
silence, femmes !

> (Il fait méthodiquement le tour de la pièce, son-
> dant les murs à coups de pomme de dague, essayant
> les fermetures des portes, s'arrêtant enfin devant le
> retrait d'où un puisard s'enfonce vers la chaufferie.)

MALUNDEVI

Ah ! J'aurais pu mourir bravement, seule, comme
tant de nos mères sont mortes, sur le bûcher d'un
mort... Mais pas brûler avec toi vivante, Gulaba, ô
ma chair plus vivante, mon enfant, mon espoir adoré !

GULABA

Mère chérie... La vie finie, tout fini, déjà ! Je vais
être une poupée noire... Il restera mes bracelets sur des
os tout petits... ou bien, n'est-ce pas, la peau se fend
et la rondeur d'un beau flanc coule en grésillant...

J'ai vu cela... Pauvres corps !... Ne pleure pas, mère...
Jean va nous poignarder — vite. Il est fort, mon beau
jeune Sahib, il nous tuera bien. Mais vite, pour qu'il
se tue lui-même ensuite, qu'il ait le temps... Cela devient atroce... Jean !

JEAN, à l'entrée du soupirail.

Par ici, bien-aimée ! Venez ! De l'air arrive encore...
Pour combien de temps ? Venez. (*Elles se traînent vers
lui.*) Oh ! des bruits montent. Est-ce possible ? (*Il regarde en bas.*) La grille par où je passais est toujours
descellée ! Mais on ne peut la soulever que d'en bas !...
Ah ! le chauffeur aveugle !... Si ce n'est lui qui m'a
trahi, il nous sauvera...

MALUNDEVI

Il doit être déjà puni, cloué sur ses fagots par la
pique d'un garde. Shah Jehan se venge vite !

JEAN, hélant.

Oh ! Sâlim !... (*Une voix répond du fond.*) On
répond !...

GULABA

Non ! n'écoute pas ! C'est impossible. Ce serait trop
beau. Tue-moi, Jean, moi la première.

JEAN

Ah ! Qu'elle ne devienne pas folle !...

(A Malundevi qui la laisse tomber sur les dalles en s'éloignant.) Que faites-vous ? Puisqu'il n'y a pas d'issue... Pas d'autre...

(Malundevi, moitié rampant sur les genoux, est arrivée à l'arcature symétrique où sont des petites niches. Elle y plonge ses mains, en retire des voiles, des colliers des bijoux de toutes sortes, tandis que le jeune homme essaie de soulever Gulaba vers l'orifice, d'où un souffle d'air se dégage encore. Malundevi revient et jette son butin dans le puisard.)

JEAN, criant.

Des diamants pour toi, Sâlim, des colliers d'or, le prix de cent éléphants, pour que tu ouvres cette grille. M'entends-tu ?

GULABA

C'est la brute aveugle, l'ami de l'eunuque ?

JEAN

Oui, c'est sa voix. Tu reconnais bien sa voix ? Silence ! Il parle ! Que dit-il ?

(Des sons indistincts s'élèvent. Les deux femmes, qui ont compris, se regardent épouvantées.)

Qu'est-ce ? Je n'ai pas compris. Quoi ? Mais parlez. Nous allons mourir.

GULABA

Il dit : Je veux la femme.

MALUNDEVI

Horreur ! Tue-la, Franc ! Tue-la vite. Mes oreilles
sont souillées. Un bandjari !... le mot seul (*Elle s'essuie
de ses lèvres avec horreur.*) C'est au-dessous de toute
caste... moins qu'une bête... Tue-la, que je la voie
morte d'abord, pour être sûre... Ne me tue qu'après...
(*Étreignant sa fille.*) Mon amour ! mon seul amour !
pardon !...

GULABA, se dégageant et criant.

Comment ! Vivre ? vous faire vivre ? La lumière,
l'air, la vie,... pour vous, pour moi ? Et j'hésiterais ?...
Suis-moi, Jean, viens, c'est lui que tu vas tuer aupa-
ravant. Pas de bruit, glisse comme l'eau, comme l'oiseau de nuit, comme la mort, bien-aimé. (*Elle crie.*)
Je viens. Lève la grille ! (*On entend grincer du fer
sur la pierre.*) Aide-moi... Mes mains moites glissent
sur le marbre... Ta dague aux dents, de peur qu'elle
tinte !... Mère, mère, je reviendrai te prendre.

(Ils s'engouffrent dans le puisard. Haletante,
Malundevi écoute.)

MALUNDEVI

Passés tous les deux !... Ah ! ce silence !... Krishna,
écarte l'abomination !...

(Bruits de lutte. Cris.)

UNE VOIX

Coupe-lui la gorge.

MALUNDEVI

Oh ! cette voix !

(Cri déchirant.)

VOIX DE GULABA

Jean !...

L'AUTRE VOIX

Chiens !... Retenez son bras !...

(Cri de femme achevé en râle.)

MALUNDEVI

Gulaba !... Elle meurt !... C'est un cri de mort...

LA VOIX

Morte !... Misérables chiens !... Les feux ! Noyez les feux et, là-haut, les portes !...

(Malundevi, évanouie, recule soudain vers le trône, les yeux fixés sur l'orifice d'où, une seconde après, Shah Jehan se rue dans la salle, noir, hagard, sanglant, effroyable.)

MALUNDEVI

Toi !

SHAH JEHAN

Je viens te sauver... Sauver le passé !

(Suffoqué par la chaleur, il s'élance vers la table où le vin est servi, en arrache un pied et défonce un panneau de marbre peint d'une tulipe. Le ciel rose apparaît, sur lequel se découpe la silhouette immaculée du Taj.)

MALUNDEVI, ranimée par l'air.

Maudit ! Tu l'as tuée !

SHAH JEHAN

C'est elle qui s'est tuée. Sur le corps de son amant.
Ce qu'elle devait nous haïr !...

MALUNDEVI

Elle n'est pas morte.

(Mouvement vers le puisard.)

SHAH JEHAN

Ne bouge pas ! Je te dis que j'ai enjambé son petit
cadavre. Mon pied s'est pris dans son écharpe... Elle
m'a toujours haï... Tu souffres... mais je ne voulais pas
la brûler... tu me crois ? Je ne haïssais que l'homme.
La preuve, c'est que, au dernier moment, je la sauvais.
Lui faire croire qu'elle se livrait à un esclave, c'était
assez la punir. Elle s'est tuée. Elle ne nous aimait ni
l'un ni l'autre. Nous restons seuls. Ah ! comme j'avais
hâte de venir à toi, Malundevi, seul amour, seul bien
qui me reste. Car tu es à moi, ne cache pas tes yeux.
Je n'ai jamais, jamais douté de toi, jamais. Je voulais
te faire mentir tout à l'heure, mentant moi-même, tu
l'as senti, tu connais tous les visages de ma folie. Vois-
la châtiée, bégayant, barbouillée de suie et de sang, —
si pitoyable, si misérable que tu ne vas pas lui arracher son dernier haillon de bonheur, l'illusion bénie,
le souvenir divin, l'amour passé, le peu d'amour sans

quoi, moi, si **grand**, **maître** de tant de vies, je ne pourrais pas dire : j'ai vécu.

MALUNDEVI

Je voudrais t'arracher le cœur ! Va-t'en, homme ! Je te hais. Tu m'as tué ma fille, mon seul bien, je te hais. Je t'ai toujours haï. Eh bien ! non, si cela peut te torturer davantage, non, ce n'était pas ta fille, Tartare impur. Tu aurais pu, tu aurais pu en jouir... Trop tard, à présent, ô bouc à cœur de tigre, assassin de tes frères, pareil à toi-même enfin, hideux comme je te vois. Et toujours tu m'as été hideux, m'entends-tu ? Je t'ai fait croire que je t'avais choisi, mais mon clan m'avait chassée, et je n'avais qu'à mourir ou à te suivre. Que ne suis-je morte !... Plus tard, j'ai feint l'amour à cause d'elle, d'elle seule, pour que sa chance fût blanche et sa beauté fêtée !... Ah ! misérable, sa beauté, où est-elle ? Malheur sur moi ! (*Elle déchire ses joues.*) Ma petite, qui courait nue à cinq ans, petit corps cambré comme un cou d'oiseau, si doux sous les baisers de ma bouche... Tu te rappelles, bourreau ? Tu l'appelais ta bergeronnette ?... Qui sait, peut-être cela te fera-t-il encore plus de mal de savoir qu'elle était ta fille, en vérité ? Crois-le donc alors ! Ou mieux souffre des deux tortures. Car tu ne sauras jamais, jamais, monstre, quand j'ai menti ... Je t'abomine du fond de mes entrailles. Tu m'as tout pris, tout, jusqu'à la mort de mes aïeules, — par Agni,

le feu auquel tu me reprends encore ! Ah ! ce n'est
pas pour l'amour de toi que je m'y serais livrée, mais
pour purifier de toi mon corps et mon cœur souillés !

(On entend la symphonie du Nakar Khana.)

Ah ! tes trompettes et tes tambours de guerre saluent
le matin et le maître ! Entends-moi, lumière du monde,
firmament de la foi des purs, je le crierai plus haut
qu'eux : Je te hais !

> (Il la chasse d'un geste terrible. Elle sort défail-
> lante. L'Empereur écoute la musique et son visage
> convulsé redevient grave, tandis qu'il s'incline dans
> la direction de l'Orient. Une porte s'ouvre avec
> précaution et Sadullah, le visage bouleversé, paraît.
> L'Empereur relève la tête.)

SADULLAH

Maître, maître.

SHAH JEHAN

Que veux-tu ?

SADULLAH

Les Imans viennent chercher Ta Hautesse en ce
jour propice (*Sa voix s'étrangle de sanglots.*) où le
sublime Taj Mahal sera béni.

SHAH JEHAN

Le Taj !... C'est bien. Dis aux Imans que le Padischah prie et qu'il va venir... Pourquoi pleures-tu ?

SADULLAH

Je l'aimais .

SHAH JEHAN

Qui ?

SADULLAH

L'aveugle. Le Roumi l'a tué. Je n'ai pas grand chose à aimer...

SHAH JEHAN

Je te donne les perles de la morte... Puis, les corps au bûcher, l'ordre partout. Va !

(Sadullah sort en pleurant.)

O misère ! cela, cela même aimait !...

(Se ressaisissant, le visage vers la Mecque, il ajuste
ses vêtements et, avec les gestes rituels, commence
à voix haute la Surate du Coran.)

Au nom d'Allah clément et miséricordieux...

RIDEAU

SCÉNARIOS ET LIVRETS

LA TRAGÉDIE DE SALOMÉ

(1912)

Musique de Florent Schmidtt.

I

PRÉLUDE

Une terrasse du palais d'Hérode, dominant la mer Morte. Les monts de Moab ferment l'horizon, roses et roux, dominés par la masse du mont Nébo, d'où Moïse, du seuil de la Terre Promise, salua Chanaan avant de mourir. Le soleil est à son déclin. Jean traverse lentement la terrasse et disparaît.

DANSE DES PERLES

Des flambeaux éclairent la scène. Leur lumière arrache des étincelles aux étoffes et aux joyaux qui se répandent hors d'un coffre précieux. Hérodias, pensive, y plonge ses mains, puis élève des colliers, des voiles lamés d'or. Salomé, comme fascinée, apparaît, se penche, se pare, puis, avec une joie enfantine, esquisse sa première danse.

1. Interprétée par Loïe Fuller au Théâtre des arts, en 1907.

II

LES ENCHANTEMENTS SUR LA MER

Salomé a disparu. Les ténèbres enveloppent Hérode, perdu dans des pensées de luxure et de crainte, tandis qu'Hérodias, vigilante, l'épie.

Alors, sur la mer maudite, des lumières mystérieuses s'émeuvent, semblent naître des profondeurs. Les architectures de la Pentapole engloutie se révèlent confusément sous les flots. On dirait que les vieux crimes reconnaissent et invitent Salomé fraternelle. C'est comme une projection sur un miroir magique du drame qui se joue dans les cervelles du couple muet assis là dans la nuit. La musique commente la fantasmagorie démoniaque.

Des lambeaux de vieux chants d'orgie, étranglés par la pluie de bitume et de cendre aux terrasses de Sodome et de Gomorrhe, s'exhalent confusément. Des mesures brèves de danses, des frissons de cymbales étouffées, des claquements de mains, des soupirs, un rire fou qui fuse...

Puis, une voix monte de l'abîme...

Hérode, subjugué, écoute. Des vapeurs, à présent, s'élèvent de la mer, des formes enlacées se dessinent, montent de l'abîme, vivante nuée dont soudain, comme enfantée par le trouble songe et l'antique péché, surgit, irrésistible, Salomé.

Un tonnerre lointain roule. Salomé commence à danser. Hérode se lève.

DANSE DES ÉCLAIRS

Les ténèbres totales ont envahi la scène et le reste du drame ne s'entrevoit que par éclairs. C'est la danse lascive, la poursuite d'Hérode, la fuite amoureuse, Salomé saisie, ses voiles arrachés par la main du Tétrarque... Elle est nue un instant, mais Jean, subitement apparu, s'avance et la couvre de son manteau d'anachorète. Mouvement de fureur d'Hérode, vite interprété par Hérodias, dont un signe livre Jean au bourreau qui l'entraîne et réapparaît bientôt, tenant la tête sur un plat d'airain.

Salomé, triomphante, s'empare du trophée, esquisse un pas, chargée de son funèbre faix. Puis, comme touchée d'une inquiétude soudaine, comme si la voix du supplicié avait murmuré à son oreille, elle court tout à coup jusqu'au bord de la terrasse, et, par-dessus les créneaux, précipite le plateau dans la Mer. Celle-ci apparaît soudain couleur de sang, et, tandis qu'une terreur éperdue balaie Hérode, Hérodias, les bourreaux en une déroute affolée, Salomé s'abat, évanouie.

Salomé revient à elle. La tête de Jean, apparue, la fixe, puis disparaît. Salomé tressaille et se détourne, pleine d'angoisse. La tête, en un autre point de la scène, la regarde de nouveau. Salomé veut se dérober. Et les têtes se multiplient, surgissent de toutes parts.

Epouvantée, Salomé tourne sur elle-même pour fuir les visions sanglantes.

DANSE DE L'EFFROI

Comme elle danse, l'orage éclate. Un vent furieux l'enveloppe. Des nuées sulfureuses roulent dans le précipice ; l'ouragan balance la Mer. Des trombes de sable se ruent des solitudes désertiques. Les hauts cyprès se tordent tragiquement, se brisent avec fracas. La foudre s'abat, fait voler les pierres de la citadelle. Le mont Nébo jette des flammes. La chaîne entière de Moab s'embrase. Tout s'abat sur la danseuse qu'emporte un délire infernal.

LA TRAGÉDIE DE SALOMÉ

VERSION CHORÉGRAPHIQUE

(1913)

A travers les harmonies inquiètes du Prélude, une voix solitaire s'élève. Elle monte des profondeurs de la mer Morte, plane sur les abîmes du Passé, du Désert, du Désir.

L'incantation a fait son œuvre, le voile légendaire s'envole, l'antique drame veut revivre. Derrière le rideau disparu, la scène se creuse en ténèbre fulgurante, autour des bonds affolés des Péchés-Esclaves, entre les immobiles Présences de pierre. Falaises sculptées en géants, elles se renvoient ces flots noirs, crêtés d'écume blanche. Par le détroit qu'elles **gardent**, l'Epouvante vient. L'angoisse de l'Inévitable halète, la fuite sans issue zigzague en éclairs...

La Tête !...

Chargeant les épaules nues des bourreaux, le grand plat d'or tangue sous son faix. Les glaives croisés l'exhaussent, promesse à jamais tue, vaste espoir fauché du monde.

Le cippe qui s'érige au centre reçoit le fardeau sanglant, le dédie en sa majesté. Comme si son noir rayonnement crevait la niche trop étroite, voici soudain s'évanouir la paroi d'ombre vermeille. Maintenant, le dôme étoilé recourbe autour du front martyr un nimbe digne de lui.

Mais, aigrette du diadème nocturne, dressée sur un escalier d'or, entre Zénith et Nadir, est debout une forme.

Suspendue au milieu de la nuit, des voiles lourds l'oppriment, idole close, larve masquée, lis captif aux gaines du bulbe... Lentement, devançant l'écroulement des soies qu'elle traîne, elle descend vers la fascination du Trophée.

La noire troupe jalouse, pour violer ou punir, on ne sait, se rue. Subite, étoffes arrachées, Elle apparaît, nue, blanche, petite, amande du fruit de l'Arbre.

Les esclaves s'écartent terrifiés, enivrés.

Alors, elle se penche. Est-ce que la bouche morte l'appelle, qui l'insulta naguère ? L'appelle ou la supplie... Et, charitable, Salomé redanse, pour la Tête, l'enchantement qui l'a cueillie.

Elle danse... Elle danse les serpents de la tentation, la luxure qui vacille, le glaive qui se lève et tournoie et s'abat.

Ses doigts, ses cheveux tissent un filet pour le péché des rois et l'espoir des Messies... Elle le hale à présent sur les grèves d'or de la Mer ténébreuse. Il est lourd. Lourd d'un magnifique et rouge joyau. Ni l'orgueil ni la volupté n'en baisèrent jamais de plus beau !

Ivre, la Danseuse exulte autour de son butin.

Les Esclaves, graduellement gagnés par ce délire, s'y joignent, entrent dans l'extase dont Elle est le centre et qui, peu à peu, après l'avoir soulevée, semble l'accabler comme de son propre vertige, la ploie enfin sous sa victoire au socle de la Relique.

Et Salomé, figée en son arabesque immortelle, demeure unie à l'holocauste qu'Elle tend à l'éternelle et trouble rêverie de l'homme, cariatide triomphante sous le martyre des Précurseurs.

ECHO

(Ballet)

Musique de Léon Moreau

I

Décor unique.

A gauche, un antre devant lequel un petit autel dédié
à Pan et aux Nymphes. Une source sort de la grotte et,
par un canal naturel, se déverse dans un bassin rectan-
gulaire bordé de gazon. De part et d'autre du bassin,
deux grands cyprès étreints de roses grimpantes commencent une allée dont la perspective s'enfonce face au
spectateur, et entre les derniers arbres de laquelle paraît
plus tard la pleine lune. Au centre du bassin, socle de
marbre assez large, du milieu duquel jaillira tout à l'heure
un jet d'eau. A droite, colonnade ruinée. Tout ceci est à
un plan supérieur à celui de la scène, à laquelle il se rac-
corde par des pentes douces d'herbe ou de chemins et
par un bas-relief rongé de mousse qui forme une sorte
de soubassement au bassin.

Le style général du décor moins grec qu'asiatique.

Crépuscule commençant de journée de septembre.
Cyprès dorés de soleil. Des satyreaux dansent et jouent.

Soudain irruption d'une Bacchante échevelée, haletante, couverte de poussière, tenant son thyrse brisé, qui

se précipite sur l'eau et y trempe le visage pour boire, comme une jeune bête harassée. Les satyreaux l'épient. Puis, au loin, abois de molosses, bruits de cors. La Bacchante relève un visage terrifié, montre du doigt la forêt, se remet à genoux pour fuir... Les satyreaux ont compris, — place à la chasse d'Artémis ! Ils fuient comme des lièvres, après avoir montré l'autel de Pan à la fugitive qui s'y cramponne, implorant asile. Des Nymphes, attirées par le bruit des fanfares, sont sorties cependant de la grotte. La Bacchante leur fait comprendre comment, séparée du cortège de Dionysos (car c'est la nuit des vendanges), elle a été surprise et traquée par la cruelle chasseresse, la vierge dorienne qui hait l'ivresse et l'amour.

Echo paraît. Les nymphes lui font place, la saluant comme leur maîtresse. Elle rassure la Bacchante, que deux nymphes emmènent sous la fraîcheur des rochers.

Echo reste, triste.

Danse des nymphes pour la distraire. En vain.

Soudain les fanfares et les abois tout près.

Entrée d'Artémis, irritée, réclamant son gibier.

Timides, les nymphes s'écartent. Les molosses flairent du côté de la caverne. Artémis fait signe de les découpler, mais ses amazones reculent. O prodige ! une vigne aux pampres rutilants, aux grappes lumineuses, a poussé tout à coup devant l'ouverture de la grotte, barrant la route.

La déesse déjouée, furieuse, fait le signal du départ. Au moins que les nymphes la suivent, n'attendent pas l'arrivée du cortège impur que préside Bacchus, « fils de lits ineffables ». Elle enlace Echo. Celle-ci reste inerte. Diane interroge avec colère. Echo exprime qu'elle aime. « Moi, sans doute », mime la déesse. Echo courbe la tête. « L'une de celle-ci ? » Les nymphes font avec mélancolie signe que non. « Qui donc alors ? »

Un pipeau se fait entendre. Echo relève le front, une extase dans les yeux. Quoi ? un mortel, un homme ! un pâtre. La rage transforme Artémis, elle redevient l'Hécate infernale, maîtresse des maléfices. Tout tremble, le ciel se voile, un dogue noir est égorgé sur l'ordre de la déesse, elle jette son sang vers les quatre horizons autour d'Echo qu'un charme enchaîne et qui, avec horreur, entend le sort funeste qu'invoque sur elle et sur Narcisse l'amante inconsolée d'Endymion.

Entr'acte ad libitum.

II

Echo seule, accablée par l'arrêt d'Artémis.

Mais le thème de Narcisse apparaît à l'orchestre, le pipeau se fait entendre de nouveau. Echo tend l'oreille, douloureuse et ravie, puis recule parmi les cyprès, comme avance l'enfant, très appliqué à sa musique, un ourson familier sur les talons qui joue et se culbute. Narcisse s'arrête non loin de l'eau et reprend son air. Echo répond de loin.

Narcisse s'étonne, continue, s'irrite de ce répons mélancolique, le parodie, tourne le dos, joue plus vite comme pour échapper à l'obsession, finit par jeter son pipeau. Il est fâché, il a chaud. Il va pour boire. Il s'aperçoit. Son thème inverse s'entend, musicalement reflété. Surpris d'abord, il rit, amène l'ourson par une oreille pour qu'il se voie. L'ourson crie lamentablement, l'écho renvoie son cri. Narcisse s'égaie, puis se regarde de nouveau, court et danse le long de l'eau, joyeux de voir son image le suivre et l'imiter. Il s'arrête essoufflé, se laisse tomber assis sur un fût de colonne tout près du bord, s'avise pour la première fois qu'il est beau. Intensité orchestrale que prend son thème dont la grâce un peu froide s'échauffe de désir, s'enlace au thème d'Eros (le désir) qui reparaîtra tout à l'heure avec l'Amour lui-même.

Echo s'avance. Narcisse ne la voit pas. Elle danse timidement d'abord, puis passionnément, vient jusqu'à l'enfant qui ne lève pas les yeux et l'écarte d'un signe de main. Désespérée, elle se jette au pied de l'autel de Pan et l'adjure, l'orchestre chante sa prière. Puis la musique se tait. Dans le silence, on entend très loin des flûtes, des sistres et des crotales, avec les cris d'Io ! et d'Evohé ! Echo détourne à demi la tête vers le bruit. La vigne magique s'écarte. La Bacchante apparaît transfigurée, faisant signe vers la rumeur qui se rapproche. Son geste exprime « Le salut est là ! » répondant au geste désolé de la nymphe désignant Narcisse perdu dans sa contemplation. Pan répond par la suppliante devenue messasagère surnaturelle à la prière d'Echo qui la suit des yeux, comme elle bondit au-devant du cortège de Dionysos.

Le tumulte croît. Dans une explosion de cris, les Ménades et les Satyres se ruent suivis par Silène, ivre, sur son âne.

Entrée des Outres, des Jarres et des Amphores
(Kéramos, Pithos, Kantaros). Les Bacchantes s'y arc-bou-
tent en anses, s'y enroulent en bas-reliefs.

Narcisse a levé les yeux à peine sur ces grossiers ébats.

Une musique guerrière éclate. Héraklès apparaît, partant pour l'Aventure. Narcisse s'est dressé à demi. Le
héros s'avance vers l'adolescent qui lui rappelle Hylas,
lui aussi disputé à la vie par les nymphes éprises. Un
éclair d'enthousiasme luit dans les yeux de Narcisse.
Puis ses yeux retombent vers son image. Aura-t-il
jamais le courage de se dire adieu ?... Hercule a passé.

Après les cuivres, les lyres annoncent Orphée. Grave
mélopée dorienne. L'inspiré s'avance sans regarder les
hommes. Narcisse a tressailli. Après la guerre, la poésie
l'emportera-t-elle ? Le regard d'Orphée rencontre le sien.
Echo espère. L'enfant hésite encore. Orphée lui montre
les Bacchantes qui s'assemblent autour de lui, furieuses
de l'antique outrage, dirigeant vers sa poitrine ongles et
thyrses aigus. Suprême tentation, il montre le tourment
du génie aux mains de la foule féroce. Narcisse fait un
pas, les bras tendus, mais Echo, importune, rompt le
charme pour lui. Narcisse s'arrête, tandis que les furieuses
entraînent l'éternel immolé.

Mais la musique change de caractère, devenue ardente
et voluptueuse dans la lumière plus chaude. Le jeune Eros,
debout sur un char que traînent des bacchantes et des
pleureuses entre, grave, les yeux devant lui, le front
ceint d'asphodèles, un flambeau à la main qui brûle posé
sur le rebord du char. Ivresse d'adoration unanime.
Danses autour du char qui passe, à frôler le bas-relief au-

dessus duquel Narcisse, fasciné par la beauté du dieu, le fixe. Celui-ci, d'un geste lent, lui donne son flambeau. Narcisse le prend, recule comme effrayé de son audace, puis, comme sous l'influence d'une volonté plus haute, abaisse ses yeux vers le bassin et, pour s'y mieux revoir, en approche le flambeau de l'Amour indigné...

Dionysos est apparu pendant la scène, et reste entouré de Bacchantes et de Faunes qui le soutiennent et le servent, entre les colonnes. Il bondit, arrache le flambeau des mains de l'enfant impie et, une coupe d'une main, le flambeau de l'autre, exécute une danse mystique et sauvage que Narcisse, appuyé contre le cyprès, suit d'un œil effrayé, tandis que toute l'armée des Bacchanales rythme le Délire sacré qui soulève le roi du Dithyrambe.

A la fin de la danse effrénée, il tend la coupe à Narcisse qui la saisit, vide — la laisse échapper de ses mains tremblantes — après l'épée, après la lyre... Elle tombe à l'eau. Il se penche pour la retenir, mais, dans les cercles qu'élargit la chute de la coupe, son visage l'appelle de nouveau. Dionysos, d'un geste terrible, éteint le flambeau sur le marbre du bord. — Coup de tonnerre. Tout disparaît.

Entr'acte ad libitum.

III

L'ombre est venue.

Des lucioles volètent sous les cyprès au-dessus de l'eau. Narcisse, à plat ventre, les coudes sur l'herbe, tente de se voir encore malgré la nuit. Mais il se distingue à peine.

En vain essaie-t-il de capturer les lucioles pour éclairer son miroir obscurci... Il se met à pleurer (thème de la tristesse). Ses larmes tombent dans l'eau pendant que l'ourson, fatigué de jouer avec l'épée, la lyre et les thyrses gisant dans le gazon, le tire par un pan de tunique pour l'emmener à la maison.

Comme le reflet au visage, comme au son l'écho, à mesure que les larmes de l'enfant tombent dans le bassin, le jet d'eau leur répond, s'élève annoncé par la musique (thème inverse de celui des larmes : l'un s'égrène, l'autre fuse).

Tandis que l'enfant tend les bras à son image enfuie, voici soudain qu'un visage lumineux qui ressemble au sien et couronné des mêmes fleurs lui apparaît sous l'eau redevenue transparente. Ce visage émerge, se pose comme une fleur au bord du socle d'où monte le jet d'eau, sourit, s'élève... un jeune corps le porte, vêtu comme celui de Narcisse, fantôme fraternel, plus précis, délié de son linceul d'onde. L'enfant émerveillé regarde sa danse enlacée à la gerbe d'eau. Ses larmes ont créé cette apparition, fille de son désir, qui est son désir même, éclos de l'élément maternel, spectre léger et argenté comme une bulle.

Sous le masque de sa propre ressemblance, Narcisse n'a pas reconnu Echo, dont c'est le suprême stratagème.

Mais la pleine lune, au bout de l'avenue des cyprès, monte lentement entre les grands arbres chargés de roses.

Narcisse appelle l'apparition, étend ses mains vers elle. Puis, à demi par jeu, il arrache un pétale de rose, le jette sur l'eau, comme une barque, se baisse pour

l'envoyer d'un souffle au-devant d'Echo. Mais, au moment
où il fait ce geste, la lune, complètement dégagée des
cyprès, inonde la scène d'une lueur impitoyable, couleur
de camphre et de mercure, intense comme une volonté
de rancune, étrange comme un sortilège... C'est la vengeance de Diane outragée de l'amour coupable d'une de
ses nymphes !

Narcisse s'est revu, reconnu, retrouvé. Il allait s'être
infidèle ! D'une main il bannit le fantôme imposteur. Le
jet d'eau s'arrête. Echo, avec un geste de désespoir vers
la lune ennemie, tombe à genoux, l'orchestre reprend le
thème de l'adjuration à Pan.

Alors, devant la face de l'astre se silhouettent graduellement les cornes, les oreilles pointues et la barbe
du grand chèvre-pied. Menacé par cette éclipse de se
reperdre de nouveau, Narcisse se penche toujours davantage, avide de baiser ses lèvres. Au moment où la tête
de Pan s'inscrit dans le disque lunaire, l'enfant glisse
mollement à l'eau qui se referme sur lui.

Echo pousse un grand cri, s'écroule.

Ténèbres.

Le rideau se relève aussitôt. Une lune apaisée baigne
la scène qui n'est plus qu'un parterre de narcisses blancs.
Les fleurs ont tout envahi, gazons, mousses, jusqu'au socle
où la nymphe devenue rocher, forme couchée, distincte
encore, laisse filtrer, à travers ses doigts de pierre cris-
pés sur la bouche du jet d'eau, un filet mélancolique.

L'ourson solitaire hurle à la lune parmi les fleurs.

LES PARFUMS ET LA CENDRE

En débarquant de Palestine sur la plage de Camargue, Marie de Madgala est allée vers la montagne connue depuis sous le nom de chaîne de la Sainte-Baume.

Là, une caverne abrite le culte mystérieux et vénéré des Mères.

Un vieux prêtre et son fils spirituel, jeune et ardent, élève des philosophes d'Ionie, sorte de prêtre-poëte-philosophe, athlète nourri dans les palestres de Pergame ou d'Ephèse, gardent tous deux le sanctuaire ou plutôt y méditent dans la plus magnifique et la plus inspiratrice des solitudes.

Ils ont accueilli la voyageuse, écouté ses étranges récits, l'histoire du Dieu mort qu'elle pleure et de la Loi d'Amour qu'il est venu apporter.

Le jeune homme est troublé dans son esprit par cette vérité nouvelle qu'il imagine douceur et pitié merveilleuses, non assombrie de dogmes ni de terreurs, compatible avec le culte essentiel des Lois-Mères.

Il est aussi troublé dans ses sens par la femme encore belle qui n'a pas perdu le pli de l'amour, et son orgueil d'homme rêve obscurément de la consoler du deuil d'un amour divin...

Le vieillard, dont les forces déclinent sans que son intelligence faiblisse, a compris ce qui se passe. Il tient

en mourant des discours de sagesse supérieure et stoïque,
il y ajoute : « Ne détruis pas un tel rêve, ne touche pas
à un tel souvenir. »

Il meurt entre les bras de la pécheresse, de Bérécynthe la courtisane de Phocée et de Sara la servante
noire, dont le vocero contrasté s'élève autour de son corps
qu'on emporte parmi les lamentations des pèlerins.

Madeleine et le jeune homme restent seuls. Elle
l'exhorte à croire au Messie qu'elle aima, à porter sa nouvelle au monde. Il répond : « Oui, si tu m'aimes. » Elle
tremble. Le païen la presse : « Ton Dieu ne peut te
défendre d'aimer. Ce serait un monstre, tu le calomnies, et
moi, je le renierais. » Débat tragique. Madeleine retrouve,
en plaidant contre elle-même, un écho des derniers mots
du stoïque expirant.

Et quand le nouvel apôtre s'est éloigné, elle tombe à
genoux en lui envoyant un baiser passionné.

C'est l'heure où les Anges viennent quotidiennement
la ravir en extase jusqu'à la cime d'où l'on voit la mer
et que le sanctuaire du saint Pilon couronne aujourd'hui.
Ils tardent. A-t-elle offensé Dieu ? Non, elle en est sûre,
elle chante de nouveau son amour, fût-il blasphème !...

Et le chœur céleste lui répond du haut de l'azur, tandis que murmurent les déesses souterraines, voix una-
nimes du grand Désir [1].

Et la sainte, vêtue de ses cheveux qui essuyèrent les
baumes chez Lazare, la boue et le sang au Calvaire,

---

1. Il parle d'amour. Allusion troublante et constante de ses paroles.
Le souvenir du Christ arrête toujours un aveu direct sur ses lèvres
comme sur celles de Madeleine.

monte dans la clarté, comme on la voit dans les vieux livres.

Décor unique : paysage forestier devant la Grotte de Sainte-Baume.

PERSONNAGES

MARIE DE MAGDALA.

BÉRÉCYNTHE, courtisane grecque.

SARA, la servante noire.

HÉGÉSIAS. — Le vieux Sage.

PHÉDON. — Le jeune disciple (prêtre, poëte, philosophe, athlète, nourri dans une palestre de Pergame ou d'Ephèse. Héroclite et Erostrate.)

L'OFFICIER ROMAIN.

LAZARE.

    Pèlerins divers.

    Soldats de la Légion Aurélia.

    Chœur angélique.

    Chœur des déesses souterraines. (Les Mères qui sont les Sources aussi.)

DIALOGUE DES DEUX CHŒURS

CHŒUR DES ANGES

Hosanna in excelsis.

CHŒUR DES SOURCES

Aux cieux étincelants
Monte, sur nos vapeurs
    Fontaines,

Leurs couronnes en fleur
D'ailes et d'anges blancs,
    Sont pleines.

Par delà le mont clair,
L'écume de vos flots
        Sirènes
En des moments hélas
Envolés de la mer
        T'entraîne !

Avec leurs alcyons
Les Séraphins ailés
        Sont frères,
Comme aux chœurs étoilés
L'oiselet des sillons
        Sait plaire

Nous, souterraines sœurs,
Pleines de ton souci,
        Lumière,
Notre sang fume aussi
Par le chemin de leurs
        Prières.

MADELEINE

Ils viennent ! Bien-aimé, tu m'attendais toujours !

LES ANGES

Hosanna in excelsis.

MADELEINE

Tu ne fuis pas, tu viens — oui, tu reviens, Amour

Déchirant et divin qui ne m'a point quittée,
En lequel je suis close, éparse et garrottée,
Par qui je gagne au vol des anges asservis
Les sommets d'un Désir où je meurs et revis
Et remeurs — Ah ! quel est celui-là qui s'éloigne
Par les bois vers le Port et l'Orient ? Témoigne,
O mon cœur dévasté saignant de ce chemin,
Que c'est toi qui l'envoie et palpite en sa main.
Je verrai son vaisseau qui m'emporte ma vie,
Mes anges, de la cime où vous m'aurez ravie,
S'en aller vers la vie éternelle et l'Amour,
Celui qui ne connaît l'exil ni le retour.
Mes Anges, je puis bien vous prier que je suive
Un peu de temps sa voile sur la mer plaintive.
Si vous saviez l'apôtre et l'ardeur qui fuit là
Vers le sublime espoir que ma voix révéla,
Vous battriez de l'aile au-dessus du sillage
Et nous le suivrions au terme du voyage,
Traître air le vent d'Egypte et combien de beaux jours
Encore.....

ACTE PREMIER

SCÈNE I. — Les pèlerins devant le sanctuaire.

Types variés du peuple bigarré des environs de Massilia. Athlète venu demander un succès aux jeux, laboureur gaulois priant pour sa récolte, prêtre de Cybèle ou de Dionysos ; mère et enfant malade, etc... Grouillement pittoresque, invocations, brocarts, disputes qui se résolvent en une salutation chorale à l'entrée du pontife,

Hégésias, vénérable et chancelant. Une agitation règne :
on dit que les Romains veulent abattre la forêt sacrée
qui entoure l'antre des Mères, pour construire des galères
à Marseille. Une légion approche, dont on entend au loin
les buccins. Allusions aussi à la Juive mystérieuse qui
s'est réfugiée auprès d'Hégésias. Il est malade. Est-ce
d'un sort qu'elle lui jette ?

> (Entrée du vieux prêtre chancelant.)

SCÈNE II. — Hégésias, qu'accompagne Phédon, bénit
la foule qu'il congédie. (Esquisse d'office des Mères.
Invocation chorale de la foule aux déesses mères.)

Les deux hommes. Le vieux stoïque et l'ardent plato-
nicien. Ils parlent de Madeleine dont les paroles les ont
troublés. Ils les ont comprises chacun à sa guise, mais
un nouveau règne est pressenti et, si le grand Pan n'est
pas mort, car il ne peut mourir, il revêt une incarnation
nouvelle.

La messagère de cette nouvelle Espérance, cette
errante qui traîne autour de tous les parfums de l'amour,
c'est Madeleine. Phédon la désire. Le vieillard le détourne
d'une profanation, mais, à la païenne, sans les arguments
d'une pudeur dont la notion même est étrangère à la
santé de son âme hellène. « Ne détruis pas un tel rêve,
ce serait un crime. »

SCÈNE III. — Bérécynthe entre pendant leur conversation, ne les voit pas et danse devant l'antre ; elle
n'a rien de mieux à offrir aux déesses dont elle implore
la continuation de l'Amour qui lui montre le jeune chef

de la légion Aurélia avec qui elle est venue de Marseille. Lui est chargé de protéger les bûcherons. Mais c'est Madeleine en qui elle a foi. Elle l'a connue à son passage à Marseille, elle la vénère comme une magicienne très puissante, l'aime comme une sœur de plaisir très humble, subit, de toutes manières, son prestige.

Les deux femmes. Souvenirs des fêtes et des amours passées mêlés à ceux des tragédies et des larmes. Le présent... Bérécynthe discerne, dans la manière dont Madeleine parle de Phédon, une admiration, un trouble dont elle cherche à s'absoudre en les reportant sur le Rabbi, sur Jésus. En réalité les deux images se superposent en son esprit et son cœur. On peut donner une expression musicale ingénieuse et poignante à cette psychologie.

Elles parlent en camarades, en sœurs de faiblesse. Madeleine fait ainsi par humilité, du moins elle le croit. Bérécynthe dit son admiration pour le jeune disciple. Madeleine trahit un sentiment obscur.

SCÈNE IV. — Il entre. Il parle aux deux femmes. Son éloquence les charme. Quel apôtre il serait pour la cause du Sauveur ! Madeleine se donne le change à elle-même, en se persuadant qu'elle ne veut que gagner un apôtre à Jésus.

SCÈNE V. — Cris. Plaintes. La foule en pleurs envahit la scène. On rapporte le pontife mourant.

Noble fin stoïque. Paroles prophétiques, où Phédon et Madeleine trouvent l'écho de leur trouble et de leurs espoirs. Le sage expire et, tour à tour, puis ensemble, Madeleine, Bérécynthe et la Noire Sara, sur des modes divers, entonnent le chant des pleureuses (Vocero contrasté) tandis que monte la lamentation de la foule mêlée aux fanfares lointaines.

ACTE II

SCÈNE I. — L'émeute. — Le prestige du vieux Sage ne protège plus sa retraite. Les Romains vont abattre les arbres de la forêt inviolée (et qui l'est restée jusqu'à nos jours !) Malgré Bérécynthe, le jeune chef de la légion Aurélia va donner l'ordre profanatoire. La foule se révolte, insulte les Aigles. Bérécynthe supplie Madeleine. Phédon se joint à elle.

SCÈNE II. — Madeleine plaide pour la forêt. On écoute la voyante, son langage singulier plein de réminiscences des chants bibliques, lorsqu'elle songe aux Cèdres du Liban, ou évoque les oasis du Jourdain. Une sorte de sensualité l'enivre : ses souvenirs se fondent, ne peuvent se désenlacer. Phédon l'écoute. Le Romain cède. Parmi les acclamations de la foule, il s'éloigne avec la courtisane.

SCÈNE III. — Et Madeleine reste seule avec le jeune prêtre, tous deux vibrants de l'émotion de l'heure, rapprochés par elle... L'aveu échappe à Phédon. Il croira si Madeleine l'aime. Elle répond : « Et si je t'aime, tu porteras ta merveilleuse éloquence et ta beauté qui persuade à travers les nations pour leur dire la parole de l'Amour ? » Lui : « Oui, mais que tu sois à moi ! Que peut-il t'en coûter ? N'est-ce point la loi suprême ? ta loi ? S'il ne permet le baiser, c'est un monstre que ton Dieu. Je ne puis le servir. Tu es chrétienne, tu sauveras le monde, je ne vivrai que pour ce salut ». Le débat se poursuit. C'est le point culminant du drame. Je songe : soit à ce que le Grec se laisse persuader de renoncer à l'instant fugitif pour un Regret sublime — (il se souvient des leçons de son Maître mort, lui aussi), soit à concrétiser la situation en faisant intervenir, au moment où Madeleine va céder peut-être, un personnage imprévu, le Revenu des Ténèbres, Lazare lui-même qui, d'après la légende, accompagna les Maries en Provence.

Le discours du Ressuscité peut être saisissant. En tout cas, sa voix est écoutée. La tombe triomphe. Phédon s'en va.

SCÈNE DERNIÈRE. — Madeleine seule. C'est l'heure où le chœur angélique la ravit pour l'extase quotidienne jusqu'au sommet de la montagne. De là se voit la mer, la mer par où partira le vaisseau de l'apôtre qu'elle vient de sacrer, de l'homme qui sera son dernier amour...

Les anges tardent. A-t-elle péché ? Remords plus cuisants encore : a-t-elle eu tort de ne point pécher ?... Elle envoie un baiser brûlant vers l'Orient, est-ce au Calvaire ou à l'amant qui s'éloigne ?... Le Ciel répond en sa miséricorde. Au signal du baiser, le Chœur Séraphique prélude en le Haut Azur. La pénitente s'age-

nouille. La voix des déités souterraines, des sources,
mères de la forêt sauvée, s'élève des profondeurs. Et
dans le concert unanime, vêtue de ses cheveux, la pénitente monte vers le dernier pardon.

Le Chœur des Anges et des Mères fondu à la fin en
harmonie panthéiste.

Note. — Madeleine, en racontant les merveilles de son
dieu mort au jeune philosophe (un Augustin peut-être), en
exaltant la nouvelle espérance du monde, ne distingue
plus la ferveur de son zèle d'une autre, inavouée. Au fantôme adoré du Galiléen une réalité de chair se substitue,
s'incorpore : « Il te ressemblait », dira-t-elle. Lui, jeune
et curieux, est séduit par l'étrangère veuve du Fils de
l'Homme, prend goût à l'extraordinaire aventure. Ce sera
son maître le vieux Sage qui lui dira : « Fuis le crime
de détruire un mirage pareil. Qui sait ce que ta volupté
volerait ainsi au monde, de poésie, d'illusion, de vertu ! »
Le vieux Sage entendra toutes les voix : celles des Mères
et celles des Anges, celles des Planètes et des Cigales.

La Rivale ? Une phocéenne courtisane et prêtresse à
la fois qui, dans une scène avec la Repentie, lui révèle
son secret à elle-même incroyable et terrible, en bafouant
sa chimère de vouloir échapper à sa destinée d'amante.

Sara la servante noire, négresse fétichiste, dévouement animal, l'esclave, et qui se souvient parfois d'avoir
été « la bonne ».

LE DRAME DE LA RENAISSANCE

Envoyé à Florent Schmitt pour un opéra.

LE DRAME DE LA RENAISSANCE, la ruée de l'homme vers la liberté de *l'Idée* et de *l'Amour* du fond du moyen âge et de l'hallucination terrifiée, affamée, pestiférée, ensanglantée qui, dans l'ombre des Cathédrales, berça les générations d'alors (xv° siècle).

Ce drame dans un homme, Erwin, un musicien organiste, dans une grande ville épiscopale. Trente ans, ardent, plein de rébellion, avec une âme restée au fond enfantine et fils de mère mystique. Il inquiète les prêtres, mais l'évêque Trophime le protège, il est la gloire de la cathédrale, a répandu au loin la renommée de son orgue et de sa maîtrise, le clergé le ménagera jusqu'à la fin.

Erwin[1] a épuisé les secrets de la musique scholastique, rêve une émancipation, confond le trouble de sa sensualité avec l'ardeur spirituelle qui l'anime, ose songer à faire entrer dans le sanctuaire la Passion, la Vie. Il lui faut du nouveau, dût-il le demander à l'Enfer. Il dit tout cela devant sa mère et sa sœur (très belle et promise au cloître), l'Evêque songeur et inquiet (qui lui oppose l'orthodoxie, les conciles, l'humilité) et les souffleurs de l'orgue.

---

1. L'auteur voyait Chaliapine dans ce rôle.

Oui, un domaine magique lui est apparu dans la musique par delà la Foi, la Barbarie, la Peur, oui, la vraie Rédemption de l'homme, c'est par elle. Il le pressent, il n'y peut parvenir. Il y a d'autres chants que ceux des Proses et de la Terreur de Dieu, il y a la Joie, l'Amour, non le scholastique mais le véritable. A tout prix, il veut atteindre avant de mourir à l'harmonie qu'il rêve et que tout lui refuse en ce monde hideux de famine, de lèpre et de sang.

ACTE PREMIER

La salle voûtée de la Tour où est la soufflerie et où les deux femmes sont venues attendre le musicien, qui s'oublie à l'instrument. Celui-ci gronde à travers la muraille, et les souffleurs, vilains suants et misérables, chantent (seuls au début) le malheur du temps et la folie du maître, sur la sourde et lointaine mélopée.

Un autre homme est là, Arnaud de Castelpers, le seigneur voisin redouté de l'Evêque dont il menace les privilèges. Il a étudié la musique avec Erwin quand celui-ci faisait partie de la Chapelle de son père. Il revient de longs voyages, d'une campagne à Candie, en Egypte... Il a ramené d'Espagne, croit-on, le page qui l'accompagne nommé Djahil.

Il dit à Erwin : « Je te montrerais tous les pays, tu entendrais ton rêve vivant, s'il te plaisait. » Erwin, enthousiaste, le presse de s'expliquer : « Tu me suivrais ? — Oui ! — Même au Sabbat ? — Oui ! — Mais ce ne

sera peut-être pas le Sabbat. — Qu'importe ! — Alors,
à Castelpers, dans huit jours, je t'attends. »

(On a pu voir qu'Arnaud désire Brigitte, la sœur d'Erwin, qui se refuse, étant promise à Dieu. Le plan d'Arnaud est de compromettre le frère en l'attirant dans un
pseudo-Sabbat. Il obtiendra ce qu'il veut ensuite de Brigitte, prête à tout pour sauver son frère qu'elle aime passionnément.)

ACTE II

A Castelpers.

Un jardin gothique, une nuit de printemps. Fête
offerte par Arnaud et que préside le page du premier
acte. Car c'est une femme[1] personnage en qui confluent
les civilisations : celle des Arabes et celle de Byzance,
être mystérieux et composite qui est l'Orient, le Paga-
nisme, le Trouble, la Volupté, et en lequel se cristallise
soudain toute la vague aspiration d'Erwin. Elle chante.
On danse. Il est ivre... Une notation juste à marquer :
l'état magnétisé, halluciné de l'âme du moyen âge. Les
diables et les anges peuplaient tout, envahissaient la vie
quotidienne. Aucun sens exact des réalités ne subsistait.
Ce soir-là, est-on au sabbat ? On ne sait pas bien..., La
grande image du Satan secourable contre la cruauté de
Dieu (comme fut le Dionysos son aïeul, roi des Bacchanales) pourrait planer de loin sur toute la scène... visible au lever de lune final...

(Il y a là-dedans déjà bien de la musique.)

1. L'auteur indique Croiza pour ce rôle.

ACTE III

PREMIER TABLEAU. — *LA TRIBUNE DE L'ORGUE*

Il est suspendu à mi-hauteur de la nef (comme à Saint-Eustache et Saint-Etienne de Toulouse), devant la grande Rose dont le couchant fera étinceler les vitraux tout à l'heure et qui forme le fond du décor. La scène n'a presque aucune profondeur, les silhouettes vivantes de l'organiste et du chanteur se mêlent à celles des prophètes et des rois sculptés au buffet d'orgue.

C'est un soir de Pentecôte. Une procession revient, rapportant l'odeur des champs printaniers, l'office dans le chœur se célèbre, accompagné par son orgue (rendre cela par un chœur dissimulé dans l'orchestre). La rumeur en arrive de loin à travers toute la longueur de l'église jusqu'à Erwin. Djahil (en page) est avec lui. Scène d'émotion ponctuant les Hymnes et les Répons et aboutissant à l'aveu. Bravant le scandale, il lui fait chanter un chant d'Orient qui l'a profondément ému, l'autre soir, à Castelpers.

Arnaud apparaît, les menace du bûcher s'il les livre, chasse la femme, ébauche la proposition de son marché... qu'il lui donne Brigitte.

Erwin, ivre de passion, indifférent au reste (c'est la fin, le peuple se retire), joue une sortie triomphale, tandis que les vitraux derrière lui s'enflamment des derniers rayons du couchant.

DEUXIÈME TABLEAU. — *LA MAISON D'ERWIN*

Sa mère est mourante du fléau qui désole la cité, sa sœur pleure. Djahil arrive. « Je suis sur le point d'être découverte, on me prend pour une sorcière, dit-elle. L'Inquisition est sur pied : partons ensemble »... Il résiste. Comment fuir ? Il a foi en l'Evêque, qui l'aime. Arrive celui-ci. Il est trop tard. Voici le Saint Office. On entend le miserere de son cortège qui s'approche, minute tragique dans cette maison que la mort habite déjà, si proche de la mère expirante. Conflit entre la passion, l'ambition, la foi...

Mais des bruits de foule arrivent aussi de la rue. On hue le Cortège sinistre. Le peuple en a assez de tant de maux sur la terre, sans y ajouter les bûchers que réclame le Ciel.

Erwin plaide devant l'Evêque et l'Inquisiteur. C'est demain la messe des Fous. Il faut au peuple cette diversion aux épouvantes et aux souffrances de l'heure, sans quoi il est capable de toutes les fureurs. Erwin est indispensable à cette cérémonie. Qu'on attende à demain. Il fera merveille, pulvérisera ses rivaux des autres paroisses (de Toulouse ?). Que Trophime intercède... L'Inquisiteur, effrayé d'ailleurs par les cris de la foule, consent, devant la moribonde apparue, soutenue par le Page mystérieux, pour ajouter sa supplication à celle de tous.

ACTE IV

La nef de la cathédrale. — Le fond de la scène est occupé par les battants fermés de la grande porte encadrée par les premiers piliers des travées. Au-dessus planent l'Orgue (tribune praticable) et la Rose sur laquelle il se détache. A droite, le cylindre de maçonnerie percé de petites fenêtres, qui enferme la spirale de l'escalier allant du pavement de la nef à la tribune de l'orgue.

On achève de sceller la dalle sous laquelle est couchée la mère d'Erwin et de Brigitte, morte cette nuit. Le frère et la sœur sont là et le Page aussi. Le même clergé, qui vient de prononcer les dernières prières, l'Evêque en tête, va revenir attendre la Procession des Fous qui, selon le cérémonial, arrive du dehors et demande accès derrière la Grande Porte fermée (voir les Messes des Fous). Djahil les rejoint. Qu'ils fuient ! Mais trop tard ! Castelpers, à la tête d'une petite troupe d'hommes armés, envahit l'église : il vient enlever Brigitte. Erwin fait disparaître les deux femmes dans l'escalier de l'orgue.

Entre l'Evêque, vêtu de ses ornements et précédant son clergé. Scandale ! Des armes portées dans le sanctuaire. Il est profané, l'office n'aura pas lieu. Mais on entend les Fous qui s'approchent. Arnaud se rebelle, menace, force les clercs à chanter les répons d'usage. Comme il est menacé d'excommunication, son intention est de se réfugier dans la chapelle de Saint-Benoît, de l'autre côté du parvis, où il trouvera droit d'asile. Il compte se tailler un chemin à travers la mascarade inoffensive.

Mais quand la porte s'ouvre, ce sont des bandes munies de faulx et de serpes qui paraissent, les Croquants révoltés qui se sont mis à l'avant-garde du cortège des Fols. Surprise dramatique de ce double coup de théâtre.

Un instant décontenancé, Arnaud les harangue, les convainc, s'offre comme leur chef, leur dit : « Allons piller les caves de l'Inquisition d'abord. » Il est leur maître à présent. Il dit à l'évêque : « Vous voulez m'excommunier. Je vous sauve. Vous savez à quel prix : je veux Brigitte. »

Il s'éloigne, allant régaler le Pape des Fous avec les Croquants un instant apaisés. Ils reviendront !

C'est Djahil maintenant qui parle au jeune homme. Puisque tout lui manque à la fois : qu'il n'a plus de mère, ni de sœur, ni de père spirituel, ni d'ami, il ne lui reste qu'elle et la musique. Qu'ils partent ensemble, là-bas, à Grenade. Sous les derniers rois musulmans, son art fleurira sans contrainte, sous le plus beau ciel de la terre, etc...

L'Evêque réapparaît. Les Croquants reviennent. L'Evêque veut mourir au seuil du temple, qu'il défendra contre la profanation, jusqu'au dernier souffle. Pourtant, après sa mort, l'irréparable sacrilège s'accomplira. Il supplie Erwin, une dernière fois: « Sauve notre église, — celle où tu as prié, enfant, où tu as fait prier et chanter notre peuple. Car Castelpers n'est plus maître de ses hordes — d'ailleurs sa fureur est au comble. L'héroïque

Brigitte vient de lui envoyer sa chevelure, qu'elle a coupée avant d'entrer aux Clarisses. Il t'en fait responsable et se vengera. Mais ce peuple t'aime. Il a pris pour bélier afin d'enfoncer les vantaux que voici, la potence même que t'avait préparée le Saint Office. Ecoute, ils viennent — le Pape des Fous sur leurs pas — il semble, lui, sous son masque le vrai chef de tout ceci. »

L'œil de Djahil s'allume en entendant ces mots.

Erwin disparaît dans l'escalier de la tribune, pendant que volent en éclats, sous les pierres jetées du parvis, les vitraux de la grande rose. « Tant mieux ! Ils l'entendront du dehors. » Alors éclate à l'orgue une danse frénétique. Les coups de bélier et les huées s'interrompent au dehors et bientôt monte l'immense clameur de la foule, rythmant la mélodie et nouant déjà des rondes sur le parvis.

L'Evêque est en prière. Djahil suit les événements par un judas qu'elle a ouvert dans la porte et les raconte et les commente avec une exaltation croissante. Le Pape des Fols approche. Il fait un signe ! Elle recule brusquement, tandis que le bélier-potence frappe la porte en mesure et finalement la crève, livrant passage à une chaîne de danseurs frénétiques et hurlants. L'Evêque est piétiné. Derrière la délirante farandole, porté sur une estrade, le Pape des Fous apparaît, masqué, dans la baie du portail ruiné. Les anneaux de la danse tournoient à ses pieds. D'un geste libérant ses cheveux, Djahil surgit en femme. La foule veut la violer ou la massacrer ; — mais d'un geste l'appelle à ses côtés l'Etre immobile.

Soudain un grand cri.

Erwin vient s'abattre aux pieds du couple, tandis que, de la tribune, penché sur la nef, Castelpers agite un poignard ensanglanté. Sur le fond du ciel rouge, les silhouettes du couple se magnifient et se métamorphosent. On reconnaît le Satan du Sabbat, entrevu au deuxième acte.

Il se lève, fait un geste sur le mort qui, chancelant, se dresse à genoux, les bras tendus vers Djahil.

Cloches. Acclamations du peuple. L'Evêque, épouvanté, voile ses yeux mourants.

LA MORTE

SCÈNE I. — La scène représente l'intérieur d'une chapelle isolée dans la campagne. Très simple, vitraux armoriés, — tentures blanches, — on célèbre les obsèques d'une jeune fille. Nombreux assistants agenouillés, en deuil et tournant le dos aux spectateurs. Dans le chœur, une dalle est soulevée, le cercueil vient d'être descendu. Au lever du rideau, l'officiant, l'étole noire brodée d'argent sur le surplis, achève un discours. Enfants de chœur, ecclésiastiques, bedeaux.

Le prédicateur expose dans sa péroraison ce qu'était Mlle de Nyvers, sa mort prématurée, l'austérité au sein de laquelle elle a grandi — style ecclésiastique, ronron sacré, élans onctueux et appris. Chaque assistant vient successivement jeter l'eau bénite sur la tombe, pendant qu'une voix, supposée partant d'une tribune invisible au spectateur, chante le *Pie Jesu.*

Départ des assistants. Attitude froide et peu émue. Jean reste seul au fond, c'est-à-dire sur le devant de la scène, agenouillé et abîmé dans sa douleur.

SCÈNE II. — Deux bedeaux enlèvent rapidement les tentures, causent à voix basse. On doit, chez M. le Doyen, réunir les prêtres invités en un repas, la volaille

manque. — Faire ressortir l'indifférence et la mesqui-
nerie de la conversation — en même temps que l'arron-
dissement sacerdotal des formules.

Ils sont pressés et reviendront après le déjeuner
replacer la dalle qui ferme le tombeau. Par une porte
latérale entrent des gamins se poussant — on les expulse,
frissons douloureux de l'amant. Sortie des bedeaux.

SCÈNE III. — Jean seul. Il conte son histoire,
comment l'idylle commença entre la morte et lui. Poésie du décor — un salon d'antiques tapisseries racontant l'histoire d'Esther. Elle était le printemps, la jeunesse et la gaieté mêmes. Son adoration — (à soigner,
éviter un hamlétisme exagéré). — Souvenirs insignifiants
et tristes. A quoi bon vivre ! Il la suivra, il veut mourir... Cette tombe ouverte, il s'y fera murer avec
l'adorée. Mélancolie et angoisse du dernier moment. —
Entre un paysan — apparence lourde et finaude.

SCÈNE IV. — Jean l'appelle. Il lui offre tout l'argent
qu'il a sur lui s'il veut rouler la pierre sur son corps, lorsqu'il sera dans le caveau. Refus de l'homme, qui ne comprend pas. Niaiserie de ses réponses. Jean signe une
renonciation volontaire à la vie. L'homme consent. Jean
descend quelques marches et s'accoude. Débat animé
avec le paysan, dont les dernières résistances disparaissent.

Le paysan pousse la dalle, et s'en va d'un pas traînant.

SCÈNE V. — Au moment où la porte retombe, on
entend des chocs sourds et des clameurs désespérées
sortant de sous terre. — « Ouvrez ! ouvrez ! » L'Enseveli
cogne des poings et du front au pavé de la chapelle. Le
rideau descend lentement.

TABLE

ACHEVÉ D'IMPRIMER LE 15 AVRIL 1924
— PAR L'IMPRIMERIE FLOCH —
A MAYENNE, POUR LE MERCVRE DE FRANCE

9 782329 573427